Über dieses Buch Die Musik Johann Sebastian Bachs ist heute – 300 Jahre nach seiner Geburt – fester und vertrauter Bestandteil des kirchlichen und weltlichen Musiklebens. Doch von den äußeren und inneren Bedingungen, unter denen er und andere Mitglieder der weitverzweigten Familie der »Bache«, die alle »die Gabe eines vorzüglichen Talents zur Musik« hatten, lebten und arbeiteten, weiß man weniger als bei anderen Komponisten. Vieles davon teilt sich, wenn auch zuweilen indirekt, in den Briefen mit.

Der zunächst ungewohnte barocke Sprachgebrauch, vor allem in der frühen Zeit, der auch in persönlichen Briefen Privates kaum zuließ, fordert zum Lesen zwischen den Zeilen auf. Erst in der Generation der Söhne Johann Sebastian Bachs lockert sich der Briefstil und führt hin zu den besonders schön zu lesenden Erinnerungen Carl Philipp Emanuel Bachs an seinen Vater, die er dem ersten Bach-Biographen Johann Nikolaus Forkel zur Verfügung stellte.

Liebhaber und Kenner der Barockmusik werden in den hier gesammelten und kommentierten Briefen viel Wissens- und Liebenswertes, viel Aufschlußreiches finden.

Folgende Auswahlbände mit Briefen berühmter Komponisten sind erschienen:

Brahms, hg. von Hans Gal (Bd. 2139)
Hindemith, hg. von Dieter Rexroth (Bd. 2146)
Mendelssohn Bartholdy, hg. von Rudolf Elvers (Bd. 2142)
Mozart, hg. von Albrecht Goes (Bd. 2140)
Verdi, hg. von Hans Busch (Bd. 2141)
Weber, hg. von Hans Christoph Worbs (Bd. 2144).

Der Herausgeber Dr. Friedemann Otterbach, geboren 1942, ist Musikschriftsteller und Rundfunkautor. Für seine ›Geschichte der Europäischen Tanzmusik‹ erhielt er 1981 den Preis der Wissenschaftlichen Gesellschaft Freiburg für die »allgemeinverständliche Darstellung neuer Forschungsergebnisse«. Weitere Buchpublikationen: ›Schöne Musikinstrumente‹ (1975); ›Johann Sebastian Bach. Leben und Werk‹ (1982).

Bach

Briefe der Musikerfamilie

Herausgegeben von
Friedemann Otterbach

Fischer Taschenbuch Verlag

Originalausgabe
Veröffentlicht im Fischer Taschenbuch Verlag GmH
Frankfurt am Main, März 1985

Lektorat: Corinna Fiedler
Umschlaggestaltung: Jan Buchholz/Reni Hinsch
Satz: Fotosatz Otto Gutfreund, Darmstadt
Druck und Bindung: Clausen & Bosse, Leck
Printed in Germany
980 – ISBN-3-596-22147-1

Inhalt

Einführung
7
Heinrich Bach (1615–1692)
15
Johann Christoph Bach (1642–1703)
17
Johann Ambrosius Bach (1645–1695)
23
Johann Nikolaus Bach (1669–1753)
28
Johann Sebastian Bach (1685–1750)
33
Anna Magdalena Bach geb. Wilcke (1701–1760)
62
Johann Elias Bach (1705–1755)
67
Wilhelm Friedemann Bach (1710–1784)
81
Carl Philipp Emanuel Bach (1714–1788)
95
Johann Gottfried Bernhard Bach (1715–1739)
123
Johann Christoph Friedrich Bach (1732–1795)
127
Johann Christian Bach (1735–1782)
134
Genealogie
136
Stammtafel der Familie Bach
145

Anhang

Kompositionen mit dem Thema oder Zitat B-A-C-H
149

Erwähnte Personen
151

Quellennachweis
156

Bildnachweis
160

Einführung

I

»Wenn es je eine Familie gegeben hat, in welcher eine ausgezeichnete Anlage zu einer und eben derselben Kunst gleichsam erblich zu seyn schien, so war es gewiß die *Bachische*. Durch sechs Generationen hindurch haben sich kaum zwey oder drey Glieder derselben gefunden, die nicht die Gabe eines vorzüglichen Talents zur Musik von der Natur erhalten hatten, und die Ausübung dieser Kunst zu der Hauptbeschäftigung ihres Lebens machten.«
So begann der Musikgelehrte Nikolaus Forkel die erste Bach-Monographie, sein 1802 erschienenes Buch *Über Johann Sebastian Bachs Leben, Kunst und Kunstwerke*. Gewiß wäre es reizvoll, unter dem Gesichtspunkt musikalischer »Vererbung« dem *Ursprung der musicalisch-Bachischen Familie* nachzugehen. In einer so überschriebenen Familienchronik, die wahrscheinlich Johann Sebastian Bach um 1735 verfaßte, sind nicht weniger als 53 musizierende »Bache«, hauptsächlich Kirchen- oder Stadtmusiker, aufgelistet. (Vgl. S. 136ff.)
Es ist kaum erstaunlich, wenn die Familie Bach, in Mitteldeutschland angesiedelt, Thüringens Organisten- und Kantoratsstellen wie mit einem engmaschigen Netz überspannte.
Die in der Familie kursierende Genealogie verweist auf ein ausgeprägtes Familienbewußtsein. Zugleich läßt sie ein Interesse an der Herkunft und Abstammung, an der Geschichte der eigenen Familie erkennen. Daran anknüpfend, vermag die vorliegende Briefsammlung Einblicke in das musikalische Bewußtsein der Familie Bach zu geben. Änderte es sich im Lauf der Zeit? Oder waren die – versteckten – Ansätze zur Selbstreflexion, modern gesprochen, eher konservativer, statischer Natur?
Der erste der in diesem Band gesammelten Briefe, den der Arnstädter Stadtpfeifer und Organist Heinrich Bach (1615 bis 1692) schrieb, trägt das Datum des 14. Januar 1692. Den letzten Brief schrieb der 50. Stammesträger der Familienchronik, Johann Christian Bach (1735–1782) am 30. Juli 1757. Die

Brief-Auswahl bemaß sich an der Bedeutung der Absender für die Musikgeschichte, sie richtete sich auch nach Brief-Inhalten, die über die *musicalisch-Bachische Familie* Aufschlüsse geben könnten, und nicht zuletzt nach dem zur Verfügung stehenden Brief-Material, das, was die Vor- und Nachfahren Johann Sebastian Bachs betrifft, noch nicht völlig durchforstet ist. Vollständigkeit konnte nicht angestrebt werden.

Der Herausgeber dankt dem VEB Deutscher Verlag für Musik, den vom Bach-Archiv Leipzig edierten *Bach-Dokumenten* der *Neuen Ausgabe sämtlicher Werke* Johann Sebastian Bachs (siehe S. 156) Briefe entnehmen zu dürfen. Die nicht von Johann Sebastian Bach verfaßten Schriftstücke waren, weit verstreut, in nicht immer leicht erreichbaren, meistens älteren Publikationen zugänglich. Sie wurden den auf S. 157ff. genannten Quellen ebenfalls meistens unverändert entnommen. Nicht leicht verständliche oder heute in einem anderen Sinn gebräuchliche Fremdwörter wurden in den Kommentaren aufgeschlüsselt.

Eine Brief-Edition fordert den Benutzer zu eigenen Anstrengungen heraus. Es bleibt schließlich dem Spürsinn des Lesers überlassen, sich ein Bild von der Familie Bach zu machen. Es liegt nahe, sich gezielte Fragen an die Verfasser der Briefe vorzustellen. Zum Beispiel: Wie mag Johann Sebastian Bach auf seine Umgebung gewirkt haben – auf Kollegen, Vorgesetzte, Verwandte, Bekannte? Welche Bedeutung kam ihm im musikalischen Leben seiner Zeit zu? Welche innerhalb des Familienverbandes? Ist die heutige Hochschätzung Johann Sebastian Bachs der Anerkennung zu Lebzeiten vergleichbar? Oder: Woran könnte es liegen, daß nicht wenige Briefe von anderen als den Unterzeichnern aufgesetzt wurden?

Vor- und zurückblätternd, auch zwischen den Zeilen lesend, bringe man sein Assoziations- und Kombinationsvermögen ins Spiel. Der auf den ersten Blick fremde barocke Sprachgebrauch sollte nicht hinderlich sein. Stellt man sich den Anforderungen der Briefe, ist es reizvoll, einer Welt zu begegnen, die kaum noch die unsrige ist: Vermögen wir uns selbst, der Gegenwart, nicht auch dadurch näher zu kommen, daß wir Dingen begegnen, die außerhalb des eigenen Lebenshorizontes, manchmal sogar quer zu ihm liegen?

Die vorliegenden Briefe sind Spiegelbild einer Kunstauffassung, deren Werke in das (Festtags-)Leben eng eingebunden wurden. Die musikalischen Normen einer Kantate, eines Orgelchorals oder der Suite richteten sich nämlich in hohem Maße nach den Aufführungsbedingungen, die diesen Gattungen zugrunde lagen, sei es, daß man die Stücke während einer städtischen Feier musizierte, im Gottesdienst oder auf einer höfischen Veranstaltung. Der »Wert« der Musik bemaß sich also nicht hauptsächlich nach deren individueller Besonderheit, eher schon nach der Eignung innerhalb des vorgegebenen Darbietungsrahmens. Insofern hatte ein Komponist, Angestellter einer Stadt, einer Kirche oder des Hofes, seinem Dienstherrn sozusagen Gebrauchs- oder auch Repräsentationsmusik zu liefern. Diese gleichsam dienende Rolle der Kunst wurde von der Familie Bach so selbstverständlich übernommen, daß, wenigstens in den Briefen, nicht umständlich darüber reflektiert werden mußte.
Wo, wie im Barock, »außermusikalische« Zwecke und Funktionen im Blickpunkt des Interesses standen, wurde der Person des Künstlers nicht die gleiche Bedeutung zugemessen wie etwa seit dem 19. Jahrhundert, als man von der Kunst eine bestimmte Autonomie gegenüber ähnlichen Ansprüchen forderte. Bis zur Mitte des 18. Jahrhunderts wurden weder das Kunstwerk noch der Künstler von einer Aura des Besonderen oder Erhabenen eingefaßt, von der Aura des »Genies«. Künstler, sie hatten ungefähr den Sozialstatus von Handwerkern inne, traten hinter ihrem Werk ebenso bescheiden zurück wie diese.
Diese Bescheidenheit kann, was den Musiker und Komponisten betrifft, aus den Briefen dem entnommen werden, was nicht in ihnen formuliert wurde. Denn in den seltensten Fällen schnitten die »Bache« ästhetische oder innermusikalische Fragen an; schon gar nicht solche der Kompositionstechnik. Fragen des eigenen Tuns, die Selbstreflexion waren kaum vordringlich. Statt dessen nehmen Auseinandersetzungen mit Institutionen, Schreiben an Behörden oder Vorgesetzte breiten Raum ein. Es geht meist um das materielle Auskommen, um Anstellung, Entlassung, Entlohnung usf.
Auch auf die Psychologie des Innenlebens fällt nur ein spär-

liches Licht. Die Sphäre des Privaten, Persönlichen wirkt merkwürdig eingezogen. So entsteht der Eindruck, Wörter wie »ich« oder »du« seien sorgfältig vermieden worden. Der eher »geschäftsmäßige« Umgangston, wie wir heute vielleicht sagen würden, ein Ton, dem es an Spontaneität offensichtlich gebricht, war im Barock üblich. Emotional unterkühlt, legte er zwischen die eigene Person und deren Äußerungen eine Distanz, die den Absendern der Briefe oft nur schemenhafte Züge geben kann. (Wie anders wirken Wolfgang Amadeus Mozarts Briefe, der sogar die Fäkaliensprache – genüßlich – verwendete!)
Die sozialpsychologischen Normen jener Zeit verhindern es also, daß die Angehörigen der Familie Bach sich uns offen zeigen. Ihre Persönlichkeitsbilder nehmen zwangsläufig unscharfe Züge an. Indessen, könnte es nicht sein, daß unsere Erwartungen enttäuscht werden müssen, weil den Fragen, die wir stellen, der Ballast unserer eigenen Zeit zu stark anhängt? Werden die Briefe nur durch die Brille der Gegenwart gelesen, bleiben die Schriftzüge sicherlich blaß; unsere Fragen erfahren dann kaum wirklichen Widerhall. Wir sollten uns dem Echo der damaligen Zeit überlassen. Dann hörten wir am schärfsten, was uns von der Musikerfamilie Bach trennt, was die Geschichte seit deren Aussterben aussonderte und verwarf, was wir *nicht* sind.

3

»Wer hätte dencken sollen, daß man in der Zusammenfügung der Melodien, alle die kleinen und grossen [...] Einschnitte antrifft, die man in einer ordentlichen Rede zu beobachten hat? Gewiß! es werden wenig Musicanten seyn, die sich nur einmahl haben träumen lassen, daß eine so nothwendige Vorsicht in der Einrichtung einer Klang-Rede [in der Musik] anzuwenden ist.«
Diese Ansicht vertrat der Komponist und Musiktheoretiker Adolph Scheibe 1738 in einem Brief an den Kollegen Johann Mattheson. Beide gehörten ästhetisch einer anderen, neueren Zeit an als Johann Sebastian Bach. Sie bemerkten an ihm und seiner Musik durchaus Kritisierenswertes. (Vgl. S. 69) Das sollte uns nicht hindern, Scheibes Gedanken, zwischen dem

Satzbau der Sprache und dem »Satzbau« der Musik, ihrer »Syntax«, bestünden Zusammenhänge, näher in den Blick zu nehmen. Denn sicherlich zählt Bach zu jenen »Musicanten«, deren musikalische »Klang-Reden« Momente enthalten, die denen der gesprochenen Rede grundsätzlich vergleichbar sind. Bestünden vielleicht sogar Berührungspunkte zwischen Bachs Briefstil und Stilelementen in seinen Kompositionen? Der Frage soll hier in aller Kürze nachgegangen werden.

Am 14. Mai 1737 machte Scheibe in der von ihm herausgegebenen Zeitschrift *Der Critische Musicus* folgende Anmerkungen über Bach: »Dieser grosse Mann würde die Bewunderung gantzer Nationen seyn, wenn er mehr Annehmlichkeiten hätte, und wenn er nicht seinen Stücken durch ein schwülstiges und verworrenes Wesen das Natürliche entzöge [...] Alle Manieren, alle kleine Auszierungen, und alles, was man unter der Methode zu spielen verstehet, druckt er mit eigentlichen Noten aus; und das entziehet seinen Stücken nicht nur die Schönheit der Harmonie, sondern macht auch den Gesang durchaus unvernehmlich [...] Kurtz: Er ist in der Music dasjenige, was ehemals der Herr von Lohenstein in der Poesie war: Die Schwülstigkeit hat beyde von dem natürlichen auf das künstliche, und von dem erhabenen auf das Dunkle geführet; und man bewundert an beyden die beschwerliche Arbeit und eine ausnehmende Mühe, die doch vergebens angewendet ist, weil sie wider die Natur streitet.«

Der Vergleich mit dem Herrn von Lohenstein (1635–1683), er wird der zweiten schlesischen Dichterschule zugerechnet, wiegt allerdings schwer! Seinen »Sprach-Kompositionen« wurden ein unerträgliches Maß an Schwulst, die Überladung des Stiles in ähnlicher Weise zum Vorwurf gemacht. Scheibes Urteil zielt indessen hauptsächlich auf jene Kompositionen, die Bach im sogenannten »alten Styl« geschrieben hatte, kontrapunktisch-polyphone Werke wie besonders manche Fugen. In ihnen wurde der emotionale, affektive Anteil vom Komponisten eher verdeckt, als daß »Gemüths-Bewegungen« offen zur Schau gestellt würden. Ein emotional gereinigter Briefstil überpersonalen Charakters, wie die Zeitumstände ihn forderten, wurde oben auch in Bachs Briefen festgestellt. Lägen somit tatsächlich Berührungspunkte zwischen Bachs musikalischem Stil und seiner – geschriebenen – »Rede« vor?

»Alle Manieren, alle kleine Auszierungen«, so Scheibe, drucke Bach »mit eigentlichen Noten aus«. Bachs Kunst musikalischer Verzierungen, sein Ornamentalstil, bis zu einem bestimmten Grad italienischer Herkunft, könnte am Andante des *Italienischen Konzerts F-Dur* (BWV 971) nachgewiesen werden. Zweifellos wird dort das Grundgerüst der Melodie von vielen »kleinen Auszierungen« und »Manieren« wie von einem schweren Teppich bedeckt. Eine ähnliche Tendenz, gleichsam Floskeln und Schablonen zu verwenden, ein dekorativer, sozusagen manierierter Ornamentalstil, findet sich in den Briefen Bachs. Man denke nur an die – zeitübliche – Häufung mehr oder weniger gleichbleibender, oft nur geringfügig abgeänderter Sprachformeln in den Anreden der Briefe. Eine davon (Brief vom 15.3.1722, S. 35) lautet so:

HochEdle etc. Veste und Hochgelahrte
auch Hochweise Herren,
Insonders Hochgeehrteste Herren *Patroni*.

Schon das Schriftbild gibt zu erkennen, daß eine sprachliche Wendung variierend wiederholt wird (*HochEdle, Hochgelahrte, Hochweise, Hochgeehrteste*). Nun wird in einem Lexikon über die in der Musik verwendete Sequenz berichet, man könne sie »als Wiederholung einer Wendung auf verschiedenen [...] Tonstufen charakterisieren«. Läge somit jener Wort-Wiederholung ein Struktur-Element zugrunde, das auch in der musikalischen Sequenz seine Spuren hinterlassen hätte?

Nicht allein das. Die Rhetorik hält für ähnlich gelagerte Fälle den Begriff der *Climax* bereit. Sie ist eine Sprach-Figur, in der emphatisch an vorausgegangene Wörter angeknüpft wird, um sie geringfügig abzuwandeln und so gleichsam auf eine höhere Stufe zu stellen. In der oben gedruckten Anrede verläuft die emphatische Kurve von *HochEdle* über *Hochgelahrte* und *Hochweise* bis zu *Insonders Hochgeehrteste*. Auch Komponisten arbeiten, das war besonders im Barock der Fall, mit rhetorischen Mitteln. So merkte Johann Gottfried Walther, ein entfernter Verwandter und Freund Bachs, zu der in der Musik gebräuchlichen Figur der *Climax* an, sie sei eine Tonfolge, die »etlichemal unmittelbar nacheinander immer um einen Ton höher angebracht wird«. Der emphatische

Charakter der musikalischen *Climax* basiert gleichermaßen auf einer immer intensiver und eindringlicher werdenden »Melodie-Kurve«. Zweifellos findet sich die Figur der *Climax* in Kompositionen der Familie Bach und auch in ihren Briefen.
Ein letztes Beispiel: Was ist von jenen oft sperrigen »Schachtelsätzen« Johann Sebastian Bachs zu halten, die häufig von gegenläufigen Inhalts-Ebenen durchzogen werden, Ebenen, deren gedankliche Einfügungen und Einschübe oft bedrohlich übereinandergeschichtet, aufgetürmt wirken? Ist ihr »linear-harmonischer« »Verlauf« nicht wiederum jenem komplizierten kontrapunktisch-polyphonen Geflecht vergleichbar, das Bach besonders gerne in musikalischen Sätzen des »alten Styls« webte?
Hätte Scheibe wohl auch jene Sprach-Sätze, seinen – durchaus fragwürdigen – Standpunkt vorausgesetzt, als eine mühsame und »beschwerliche Arbeit« mißbilligt, als »Künsteley«, die »wider die Natur streitet«? Zuvor allerdings gälte es zu klären, was in der Kunst überhaupt »Natur« wäre. Müssen sich »Künstlichkeit« und »Natur« von vornherein denn ausschließen? Eine Frage, die uns auch heute auf den Nägeln brennt.

4

Der Stil der Briefe änderte sich im Lauf der Zeit. So wird in diesem Band auch ein Stück Sprachgeschichte erkennbar. Indessen zeigen auch Schriftstücke von der Hand Johann Sebastian Bachs gelegentlich persönliche, emotional gefärbte Elemente. Der Thomaskantor konnte einem Kritiker durchaus ein »Dreckohr« vorwerfen, das zu reinigen wäre. (Vgl. S. 60) In solchen Fällen kann von einer Disziplinierung der Sprache kaum noch die Rede sein. Außerdem: Johann Sebastian Bachs Kompositionen sind bekanntlich nicht nur im »alten Styl« verfaßt; es stand ihm, im Gegenteil, eine große Stil-Palette zur Verfügung. Ähnlich verhält es sich, wenn auch weitaus eingeschränkter, mit seinen Briefen. Deutlich spürbar werden die Veränderungen indessen erst mit Bachs Söhnen. (Vgl. aber schon die Briefentwürfe des Elias Bach, S. 67ff.) Sie werden musikalisch (unter anderem) einer »empfindsameren«

Zeit zugerechnet. Und auch die Briefe schlagen nun »natürlichere« Töne lauter an, wie Scheibe vielleicht anmerken würde.
Manches deutet darauf, daß ein neuer »Zeitgeist« die weitgehend unreflektierte Musikauffassung der Familie Bach, geringfügig genug, immer mehr in Frage stellte. Ein Beispiel: Der Dichter Heinrich Wilhelm von Gerstenberg (1737–1823) wollte von Johann Christoph Friedrich Bach (1732–1795) wissen, warum eine Sonate zwei schnelle und einen langsamen Satz habe. Immerhin! Die Unvertrautheit mit solchen Fragestellungen wird freilich erkennbar, wenn Friedrich in einem Brief vom 1. April 1773 (vgl. S. 129f.) keine bessere Antwort darauf weiß, als »darum«. Allerdings war Carl Philipp Emanuel Bach (1714–1788) nicht nur Musiker und Komponist, sondern auch ein versierter Musikgelehrter. Er schrieb sogar eine Autobiographie (vgl. S. 95).
Mit der fortschreitenden Zeit gewann die Person des Künstlers (sozusagen als »Genie«) eine neue Qualität. Zugleich verlor jene Wertsetzung an Kraft, derzufolge Musik vor allem an ihren »außermusikalischen« Zwecken und Funktionen zu bemessen sei. Innermusikalische Fragen drängten stärker ins Blickfeld, auch Fragen nach der Originalität und Individualität eines Kunstwerkes.
Diese Veränderungen brachten es mit sich, daß seit dem 19. Jahrhundert und im 20. Jahrhundert in erhöhtem Maß zwischen bedeutenden und weniger bedeutenden Komponisten unterschieden wird. Salopp formuliert: Zu den »Großmeistern« wird Johann Sebastian Bach gezählt, wogegen sich andere Familienmitglieder mit dem Prädikat »Kleinmeister« zufriedengeben müssen. Dieser Band könnte auf einer biographischen Ebene dazu beitragen, daß das Gefälle zwischen dem einen »Großen« und den »Kleineren« weniger abschüssig wirkt. Es geht jedoch nicht darum, die »Größe« des Thomaskantors »verkleinern« zu wollen oder, noch schlimmer: »Kleinmeistern« auf den Denkmalsockel zu verhelfen. Dagegen könnte es reizvoll sein, den Blick auch einmal auf weniger bekannten »Bachen« ruhen zu lassen – und das gerade im Erscheinungsjahr dieses Bandes, 1985, in dem sich Johann Sebastian Bachs Geburtstag zum 300. Mal jährt. Ob die Musik der in diesem Buch versammelten Komponisten »groß« oder »klein« ist, wäre mit eigenen Ohren festzustellen.

Heinrich Bach (1615–1692)

Der Arnstädter Stadtorganist ist in der Genealogie der Familie Bach (S. 136ff.) unter No. 6 aufgeführt. Ein Zusatz von der Hand Philipp Emanuel Bachs lautet: »War ein guter Componist, und von munterm Geiste.«

AN GRAF CHRISTIAN GÜNTHER

[Arnstadt, 14.1.1692]

Hochgeborner Graff, Gnädigster Herr,

Nachdem ich nun durch Gottes Gnade über 50 Jahre in hiesigen beiden Stadt-Kirchen Organist bin, jetzt aber hohen Alters und Schwachheit halber schon geraume Zeit zu Bette gelegen und nunmehro eines seligen Endes von Gott erwarte, inzwischen jedoch mein Ambt in beyden Kirchen durch Ew. Hochgräffl. Küchenschreiber Christoph Herthumen, als meinem Eydam, zu Eur. Hoch Gräffl. Gnaden sowohl alß zu hiesigem Ministerii und der gantzen Gemeinde verhoffentlichen Vergnügen, dennoch allschon ins dritte Jahr richtig versehen lassen, und nunmehro bald an deme, daß dieser Kirchendienst nach meinem Todte mit einem anderen, hiezu tauglichen Subject wieder bestellt werden muß, so habe, für alltäglich erwartenden meinem seel. Ende nicht ermangeln wollen (weile Ew. Hoch Gräffl. Gnaden ich doch meine Lebetage noch umb nichts gebeten) dieselbe auf meinem Todtbette hiedurch unterthänigst zu ersuchen, mir die hohe Gnade zu erweisen, solchen Dienst gedachten Ihren Küchenschreiber, seiner kundbahren perfection und excolirten Kunst halber in Gnaden zu gönnen, ihm auch zu dem Ende noch für meinen Abscheiden mir gnädig substituiren und die succession versprechen zu lassen. Gleichwie solche Gnade mir in meinem miserablen Zustande eine besondere Freude und Consolation sein wird, Also werde auch nicht ermangeln den Allerhöchsten, weil ich noch lebe, so tags als nachts demüthigst anzuflehen, daß er Ew. Hochgräffl. Gnaden dafür segnen, glückliche Regierung verleihen, und nebst Dero Gemahlin Durchl. bei unabfälliger Gesundheit und langem Leben beständig erhalten wolle.

Ew. Hochgräffl. Gnaden
unterthänigster
Heinrich Bach

Arnstadt, den 14. Januor 1692.

Wenige Monate vor Heinrich Bachs Tod diktiertes Gesuch, wonach der Organist und gräfliche Küchenschreiber Christoph Herthum zum Vertreter »cum spe succedendi« (mit Aussicht auf die Nachfolge) ernannt werden sollte. Die Bitte wurde gewährt. Herthum, der mit Heinrichs Tochter Maria Catherina verheiratet war, hatte dem kranken Bach schon zuvor beim Organistendienst ausgeholfen.
Heinrichs Witwe Barbara Margaretha heiratete später Johann Ambrosius Bach (siehe S. 23 ff.), den Vater Johann Sebastians. Allerdings dauerte die Ehe, da Ambrosius starb, nur zwei Monate.

Ministerium: hier Verwaltungsbehörde; excoliren: ausbilden; substituiren: als Vertreter bestellen; succession: Nachfolge; Consolation: Trost.

Johann Christoph Bach (1642–1703)

Der älteste Sohn von Johann Sebstian Bachs Großonkel Heinrich Bach war seit 1663 Organist der Schloßkapelle in Arnstadt, seit 1665 der Georgenkirche Eisenach, wo er zugleich als Cembalist der herzoglichen Kapelle arbeitete und 1700 zum »Cammer-Musicus« ernannt wurde. Möglicherweise machte der 1685 in Eisenach geborene Johann Sebastian Bach bei ihm die erste Bekanntschaft mit den Tasteninstrumenten.
Das nicht zahlreich überlieferte Werk umfaßt Orgelkompositionen, Variationswerke für Cembalo und ungefähr 15 Vokalkompositionen.
Siehe Genealogie No. 13. Philipp Emanuel fügte dort später hinzu: »Dies ist der große und ausdrückende Componist«.
Ob die folgende Bittschrift Erfolg hatte, ist nicht bekannt.

AN DEN SUPERINTENDENTEN IN EISENACH

[Eisenach, 10. 10. 1670]

Demnach bekandt, daß die Vollständige besoldungen bey der Geistlichen *Collectur* nach Verflossener Jahresfrist allererst gefallen, undt Die bediente unter der Zeit nicht erheben können; undt Dann Von E. E. Wohlw. Rath ich endesbemeldter mit 10 fl. Mw. an den Spital *Collectoren* Joseph Hermann gewiesen, welcher mir solche 10 fl. quartaliter reichen soll, Damit ich mich dürftiglich zubehelfen, biß Michaelis die gantze Besoldung fällig; So muss ich doch mit Wehemuth Vermelden, dass ich von angeführtem Spital *Collectore* sehr langsam das erhalten kan, indem er mich bald hie hin weiset, bald dort hin vertröstet, undt wirdt also langwirig mit der Zahlung, darüber man seinen *credit* bey ehrlichen leuthen, die hierauf Vertröstet, verliert; Weil mir dann sehr schwehr fället, solcher gestalt mit den meinigen außzukommen; massen ich ausser meiner besoldung nichts habe, davon ich leben könnte; Als habe nicht umbhin gekönt, Ew. Hoch Ehr (würden) solches zu Vernehmen zu geben, mit unterdienstlicher bitte, Ob etwa mit dem Spital *Collector* möchte anstalt gemacht werden, Daß er mir jedesmahl bey Verfallung des Quartals die 2½ fl. unfehlbar, ohne Vielfältiges anmahnen liefern möge, und ich also der völligen besoldungszahlung auß der Geistl. *Collectur* erwarten könne; Denn ich habe bißher, wenn ein Quartal fellig gewesen, nach diesem Gelde so offt schicken müssen, dass ich mich geschämet, diesem aber abzuhelfen wirdt Verhoffentlich Ew. Hoch Ehrw. mir die hülfliche Handt beyhalten der Zuversicht ich gelebe, welche aus dringendter nothwendigkeit berichten wollen.

AN DEN BÜRGERMEISTER UND STADTRAT IN EISENACH

[Eisenach, 15.2.1692]

Wohl Edle, Wohl Ehren Veste, Groß Achtbare Hoch und wohlgelahrte, Hoch und wohlweise Herren Bürge Meister und Rath, insonders Großgünst. Hochgeehrte Herren.

Ich kan nicht Vorbey, E. Wohl Edl. wohl Ehrenw. hoch und Wohlweißhht., meinen itzigen Nothstand wehemütig VorZustellen, in hoffnung, Sie werden mich nicht allein als Vorgesetzte Grosse *Patronen* Großg. anhöhren, sondern mir auch gewürige Hülffe wiederfahren laßen. Es ist nehmlich denenselben bekant, daß ich die Zeitüber, da ich alhir in diensten gewesen, welches nunmehr 27 Jahr sind, mit anführung allerhand *motiven* oftt und Vielmahls flehend angehalten, daß ich doch [mit] einer freyen Wohnung alhir möchte Versorget werden: allein ich bin hirbey in erreichung meines Zwecks unglückseelig gewesen und habe nichts minder mit meinen grösten schaden und Ungemach bald aus einem Miethause ein bald aus dem andern wieder ausZiehen müßen, also daß, nachdem ich Zehen miethäuser wie auch einen guten Theil des meinigen dabey VorZogen, auch unmüglich länger in solchem unbestand leben können, ich mich endlich *resolvirt,* ein eigen hauß zu kaufen, weil ich aber die mittel hirZu nicht in handen gehabt, habe ich mich Zu bezahlung der Angabe, biß sich etwa ein Erbfall in meinem *Patria* Zu Arnstadt ereignete, damit ich mich wieder retten könne, in schulden stecken und Zinßbare *Capitalia* aufnehmen, nachgehends auch Viel unümganglich Vorbauen müßen, wobey mir es denn abermahls sehr schwer worden, und weil nun mehro die *Creditores,* sonderlich aber der H. Küchenschbr. Winter, auf ihre Zahlung dringen, mir aber die Verhofften mittel noch nicht erschienen sind, so werde ich leider nun auch wieder Von dieser Wohnung verdrungen, mit was betrübnis aber, können E.

Wohl Edl. auch wohl. Ehrenv. Hoch und wohlweißhh. bey hochVernünftiger anseh- und behertzigung meines Haußstandes leicht [er]messen. Zumahl da mir nun bey Zunehmenden jahren alle hofnung verschwindet Zu einer eigenen wohnung wieder Zu gelangen, meine Kinder auch heran wachsen und mich ie länger ie mehr kosten, und mir das häuser kaüfen wohl verbieten. Wenn denn, HochgeEhrteste Herren, ich mit weib und Kindern bey meiner besoldung, Zumahl bey itzigen schweren Zeiten, da alle Frucht und *victualien* Von tag Zu tag steigen, nicht *subsistiren* kan, fals ich in der Vorderblichen Miethe, womit man heut Zu tag auch gar hoch hinaus will, wiederum leben und Von einem hauß Zum andern Ziehen soll, auch Vorhoffentlich in hiesiger Stadt noch so Viel raum übrig seyn wird, daß ich, als ein 27.jähriger Diener logiret werden kan, als werde ich abermahls höchstens gemüßiget, E. WohlEdl. auch wohl Ehrenv. hoch u. wohlweißhh. bittlichen anZuflehen, daß Sie doch Großg. geruhen wolten, mir nur diese eintzige bitte noch Zugewähren und auch mit einer freyen wohnung Zu Versorgen, weil ich sonst nicht weiß, wie ich mich mit meinen Kindern behelffen und fortbringen soll. Es ist Zwar nicht ohne, daß ich noch vor kurtzer Zeit mit einer Zulage bin bedacht worden, allein es ist auch E. wohl Ed. und wohl Ehrenv. hoch und wohlweißhh. Grg. bekant, wie mir ao 1677 auch mehr geschäffte auf die Mittwoche und Donnerstage aufgetragen worden, welche ich etliche Jahr ohne einige Zugelegte Ergetzligkeit Vorrichten müßen, darum will ich nicht hoffen, daß solches mir itzo im wege liegen solte, Sonder alls ungeZiemende Maßgebung schlage ich Vor, das hauß, so Zwischen dem *Nicla*sthor und Thurm lieget, worinnen auch Vor diesen meiner Vorfahren einer, Nahmens *Honorius,* als Stadt Organist gewohnet hat, und weil nach deßen tod die Teutschen schulmeister solches haus biß hieher genoßen haben, so meyne ich, es könne daselbe nun wohl auch denen Organisten wiederum so lange gegonnet werden, Zumahl weil deren nur Einer hir ist, jener aber 7. sich alhir aufhalten. Denn obgleich itzo schon ein teutscher Schulhalter darinnen sitzet, so ist Er doch nur eine ledige Person, so weder Weib noch Kinder hatt, auch vorhoffentl. noch ehr unterzubringen ist, als ich mit Weib und Kindern benebst einem völligen Haußhalt.
Ich habe nochmals das unterthänige Vertrauen, E E... Rath

werde mein so angelegentliches *petitum* weil ich nun nechstens, und Zwar die Woche nach Ostern, die *possession* meines hauses verlaßen muß, nicht *despiciren*, sondern mich mit förderlicher erfreulicher *resolution* versehen, auch mir das Vorgeschlagene hauß einräumen und daßselbe hirnechst mit einem geringen Keller und anderer noch ermangelnter nothdürfttiger Gelegenheit verbeßern laßen, damit ich in meinem höchsten Nothstand und bey itzigen schweren Zeiten nicht vollends gar *submerziren* dürfte.
Ich werde auch die großgünstige Willfahrung mit lebenswüriger Danckbarkeit rühmen und davor in schuldigster Ergebenheit stets verharren,
E. Wohl Edl. WohlEhrenv. hoch und Wohl.-Weißhht.

unterthäniger
Johann Christoph Bach,
Stadt Organist.

Signat. Eisenach
den 15. Febrarij
ao 1692.

Innerhalb weniger Jahre wohnte Johann Christoph Bach in zehn verschiedenen Mietshäusern. Die Behörden verhielten sich gegenüber seinem Gesuch ablehnend. Er verdiene genug, so daß er sich, »wenn anders ein ordentlich leben und Haußwesen dabey geführt wird, ehrlich hinbringen« könne.

resolviren: entscheiden; victualien: Lebensmittel; subsistiren: seinen Lebensunterhalt bestreiten; petitum: Gesuch, Antrag; possession: Besitz.

AN HERZOG JOHANN GEORG II.

[Eisenach, 28. 10. 1694]

Durchlauchtigster Hertzog, Gnädigster Fürst und Herr!
Hochfürstlicher Durchl. kan in unterthänigkeit wehemüthigst nicht verhalten, ist auch leider! männiglich alhier allzubekant, und außer Zweiffel, mit sonderbahrer *Compassion* E. Durchl. schon vorlängst vorgebracht, in was vor einen erbarmungswürdigen, elenden Zustande ich aniezo stecke, und wie mein Hauß mit so viel Krancken angefüllet, daß es einen Lazareth nicht ungleich siehet. In welchem von GOTT mir aufferlegten schweren Haußkreuze mir ganz unmöglich fället, mir und meinen Krancken Weib und Kindern ferner nothdürfftige Verpfleg- und erhaltung anzuschaffen; wie denn mein *notorisches* unvermögen so erschöpffet und ausge-

sogen, bey solche harten unglücksfall einen heller mehr bey zusetzen, und dahero äuserst gezwungen werde, in solcher meiner *miserablen* Bedrängnüs meine Zuflucht zu Christl. Herzen Mitleiden zu nehmen, Und weilen insonderheit mir erinnerlich und bewust ist, mit was vor einer *generosen* Christfürstl. Gütigkeit und Milde E. Hochf. Durchl. Allen nothleidenden und Elenden höchst rühmblichst zugethan seind,
Alß habe umb soviel mehr der unterthänigsten Künheit mich unterfangen müssen, E. Hochf. Durchl. meine Noth und *miserabln* Zustand in demüthigsten gehorsamb zueröffnen, Ganz flehentlich bittende, Sie geruhen gnädigst solches in keinen Ungnaden aufzunehmen, sondern vielmehr, nach dero weltbekannten, angebornen hochfürstl. *Clemenz* solchen zu *consideriren* und dahero die gnädigste verordnung ergehen zu laßen, daß mir armen preßhafften Diener zu mein und meiner armen Weib und Kinder nothdürfftigen hinkommen etwas Korn und was sonsten deroselben in gnaden beliebet, dargereicht werden möge.
Solche hochfürstl. Gnade wird der barmherzige GOTT alß ein reicher Vergelter alles deßen, was an armen bedrengten und nothleidenden geschiehet, mit vielfältigem Segen gewißlich ersetzen.

E. Hochf. Durchl.
unterthänigst gehorsambster Diener
Johann Christoph Bach
Organist.

Eisenach,
den 28. October Ao
1694

Noch am selben Tag wurden Johann Christoph Bach auf das Schreiben hin ein Malter Korn und zwei Klafter Holz zugeteilt. Später wurde ihm auf Veranlassung des Herzogs im fürstlichen Münzgebäude unweit der Georgenkirche Wohnraum überlassen. Am 27.4.1696 unterschrieb Johann Christoph einen Revers, in dem es hieß: »Als verspreche hirdurch, mich aller dieser Gemächer und Gelegenheiten pfleglich zubedienen«.

Clemenz: Güte, Milde; consideriren: betrachten.

[Eisenach, 30. 10. 1697]

Ich suche hidurch keinen eigenen Nutz, sondern ich meyne es guth mit der Kirche, Stadt und Orgell und nehme mich des Werckes an, als wenn ich ewig daruff spielen wollte, ungeachtet ich selbiges so lange nicht mehr verrichten werde als schon geschehen; und da wir nun auch so nahe schon herbey gerückt ein gutes Orgellwerck zu erhalten, wehr es ja schade, wenn man es an dem noch wenigen wolte fehlen laßen; so braucht man ja die hiezu behörigen Costen itzo sobald auch noch nicht, sondern es hatt noch Zeit. Uff solche weise bekommen wir mit Gottes Hülffe ein zumahl der disposition halber schönes Orgellwerck, dessen Eisenach weit und breit, zumahl bey Orgell- und Musik-Verständigen ruhm und Ehre haben, hingegen aber andere benachbarten Orten dergleichen so nicht zu finden seyn wird. Meines raths betreffend, will ich so viel mir als itziger Zeit bestalten Organisten zukomt und in meinem Vermögen vorhanden (wie es denn nun mehr erst recht sorgfältig angehen und fleiß erfordern wird) gern das meinige darbey thun und mit dem Orgellmacher dieser oder jener stimm halber, wo es nötig, zu rath gehen, damit *alles fein accurat mensuriert, wohl intoniret und jede stimme nach erheischender arth fein aequal und gut lautend* ins gehör angebracht werde, und also zuförderst ein tüchtiges Orgellwerck werde, denn *wo ein wohl disponiertes gutes Orgellwerck* ist, *dahin ziehet es gemeiniglich auch gute* Organisten nach sich, ja ein solches Werck machet gar erst gewißermaß(en) gute organisten, welches mir sehr viel in meinem thun (und) profession hette helfen sollen, wenn ich seit anno 1665 bis itzo ein solches Werck zu tractieren unter meinen Händen allhier gehabt hätte.

Auszug aus einem Verbesserungsvorschlag, den von dem Orgelbauer Georg Christoph Stertzing auszuführenden Neubau einer Orgel in der Georgenkirche zu Eisenach betreffend.
Das Instrument wurde erst nach dem Tod Johann Christoph Bachs fertiggestellt.

Johann Ambrosius Bach (1645–1695)

Johann Ambrosius, der Vater von Johann Sebastian Bach, wurde 1667 in der Ratsmusikantenkompagnie Erfurts angestellt. Seit 1671 in Eisenach tätig, mußte er mit seinen Gesellen »jeden Tag zweimahl aufm Rathhauß, als mittags ümb 10 uhr, deß abends aber ümb 5 uhr abblasen [...] alle Festtage und Sontage vor undt nach der Predigt vor undt nachmittags beym Gottes Dienst nach anordnung des Herrn Cantoris aufwarten.«

Johann Ambrosius war ein Zwillingsbruder von Johann Christoph Bach (1645–1693). Beider Vater war der 1613 in Wechmar geborene Christoph Bach (gest. 1661). Vgl. No. 5, No. 11 und No. 12 der Genealogie. Philipp Emanuel Bach, der zweitälteste Sohn Johann Sebastians, charakterisierte die Zwillinge in einer hinzugefügten Anmerkung folgendermaßen: »NB diese Zwillinge sind vielleicht von dieser Art die einzigen, die man weiß. Sie liebten sich aufs äußerste. Sie sahen sich einander so ähnlich, daß so gar ihre Frauen sie nicht unterscheiden konnten. Sie waren ein Wunder für große Herren u. für Jedermann, der sie sahe. Sprache, Gesinnung, alles war einerley. Auch in der Musik waren sie nicht zu unterscheiden, sie spielten einerley, sie dachten ihren Vortrag einerley. War einer kranck, so war es auch der andere. Kurz sie starben bald hintereinander.«

AN DEN STADTRAT IN EISENACH

[Eisenach, 2.4.1684]

Nachdem ich nun nacher Erffurt unter die Musicalische Compagnie Berufen, alwo ich keine Gesellen noch frembt Gesind halten darff, Vnd also mit den Meinigen viel sparsamer vnd vergnüglicher Leben kan, als bin ich nechst Gott gäntzlich entschlossen, sobald Erffurt von der ausgestandenen Contagion wieder aufgethan wird mich mit den Meinigen dahin zu wenden. Welches ich schuldiger maßen Ew. Wohl. Edl. Wohlehrenv. groß- vnd Vorachtb. Weißh. vorhero vnterthänig hierdurch eröffnen vnd darnebst bitten wollen, zu desto besser Fortkommnung mich mit einem guten Abschied

zuversehen vnd verhoff, es werde mir großg. verstattet werden, meine Dienste noch etliche Wochen, biß zu meinem Abzuge, zu verrichten.
Sage inzwischen vnterthänig Danck, nicht allein vor die beschehene Beförderung, sondern auch, daß Sie mich bey solchem Dienst biß dato gelaßen vnd mir alle hülffleistung großgl. wiederfahren laßen, Welches ich die Zeit meines Lebens werde zu rühmen wißen, vnd solches vnterthänig zuverschulden bin ich ieder Zeit willig vnd erbötig.

Geben Eisenach, den 2. Apr. Anno 1684.
Ew. Wohl. Edl. Wohlerenv.
Groß- vnd Vorachtb. Weißhl.
Vnterthäniger
Johann Ambrosius Bach
Stadt Pfeiffer.

Nachdem er in Eisenach seit 12 Jahren als Stadtpfeifer tätig war, hatte Ambrosius Bach einen Ruf seiner Heimatstadt Erfurt erhalten. Sein Abschiedsgesuch wurde offenbar abschlägig beschieden.
In Eisenach wohnten in seinem Hause mindestens zwei Musikgesellen und zwei Lehrlinge, die, außer der Ehefrau, einer geborenen Lämmerhirt, und 6 Kindern, zu versorgen waren.

Musicalische Compagnie: Ratsmusik; Contagion: Eine Seuche, deren Ende später »gleich einem hohen Fest« gefeiert wurde (Kirchenbuchnotiz 22.6.1684).

AN DEN BÜRGERMEISTER UND STADTRAT IN EISENACH

[Eisenach, 4.3.1695]

WohlEdle, Veste, auch WohlEhrenVeste,
Groß- und Vorachtbare, Hoch- und Wohlgelahrte,
Hoch- und Wohlweise, Insonders Hochgeehrteste Herren Bürgemeisterr und Raht, hochgeneigteste *Patroni* und Herren.
Denenselben können wir wehmüthigst zu hinterbringen nicht unterlaßen, ist Ihnen zwar albereit auch selbst wißend, welchergestalt der grundgütige Gott nach seiner hohen Allwissenheit unsern *respectivè* Ehemann und Vatter, Johann *Ambrosium* Bachen, E. Edl: Wohlw: Rathß wohlbestalltgewesenen Stadt *Musicum*, numehro seelig, jüngsthin den 20 *passato* durch den zeitlichen Todt von dieser mühseeligen

Welt abgefordert, und wir dadurch zur betrübten Wittben abermahlß, und armen Vatter- und Mutterlosen Wäisen worden. Wann denn solche durch diesen Todtesfall *vacir*ende Haußmanß Stelle künfftig zu ersetzen, Unsern Hochgeehrtesten Herren alß *Patronis* zustehet, worzu wir auch sämbtlich alles Glück und Seegen wündschen, nicht zweifflende, Sie werden ümb ein gutes tüchtiges *Subjectum* gute Vorsorge tragen, gleichwohl aber aller Ortten, also hoffendlich auch hier, eine löbliche Gewonheit ist, bey solchen ereigneten Todtesfällen, denen Wittben und Erben einige Zeit zu gedulden, und Sie mit dem so genandten Gnaden-halben Jahre zu beschencken, maßen solches auch bey Hoff-Cancelley und Cammer Bedienten gebräuchlich.

Alß ergehet an E. Edl: Wohlw: Raht, unser allerseitß dienstgehorsambstes Bitten, Sie wollen geruhen, gegen unß arme Wittbe und Wäisen sich so geneigt zu erweisen, und mit vorgedachtem | Gnaden halben Jahre anzusehen, in Betrachtung, daß (1.) dadurch unß armen Wittben und Wäisen eine große Hülffe geschehe, die hier und dar stehende Schulden abzutragen, welche bey diesen schweeren Zeiten durch unterschiedlich-erfolgte Todtesfälle in wenig Jahren, auch jüngste Verehligung wiederumb unsers *respectivè* EheManneß und Vatters, so zwar nur in 12. Wochen und 1. Tag bestanden, auch Artzney und *Apotheker* Kosten, *causiret* worden, (2.) E. Edl: Wohlw: Raht inzwischen auch Zeit gewinne, einen guten *Musicum* wieder zu bekommen, weil dergleichen höchstnöthig, und in Arnstadt auch geschehen, da nach Absterben Herrn Johann Christoff Bachs Stadt *Musici* daselbst, unsers Mannes und Vaters Bruders, so vor 1½ Jahren albereit verstorben, die Stelle aber nur vor 8. Tagen besetzet, und bißhero durch die Gesellen und LehrJungen zu bestellen der Wittben verstattet worden, ob sich auch gleich binnen solcher Zeit über 8. biß 10. *Subjecta* angeben, die Stelle doch aufgehalten worden, ja, der Hochgebohrne Graff und Herr, der Wittben daselbst, gnädigst diese Wortte vermelden laßen,

ob denn kein Bach mehr vorhanden, der sich ümb solch Dienst anmelden wolte, Er solte und müste wieder einen Bachen haben,

welches aber nicht geschehen können, weil der liebe Gott das Bachische *Musicali*sche Geschlecht binnen wenig Jahren ver-

trocknet, (3.) Die hiesigen 2. großen LehrJungen ihre Zeit biß auf drey Vierthel Jahr erstanden, da denn unß Wittbe und Wäisen das wenige Lehrgeld so noch rückständig auch zum besten bey der Looßsprechung ginge. (4.) Wir denn Dienst also bestellen laßen wollen, in Beforderung zweyer guten Gesellen, und der beyden großen LehrJungen, so schon vor Gesellen mit *passir*en können, daß an der | Kirchen *Music*, Abblasen und andern Aufwarttungen kein einziger Mangel soll gespühret werden. (5.) Auch unser *respective* Ehemann und Seel: Vatter gegen jedwedem alhier bey Leben sich nun in die 23. Jahr so bezeiget hat, daß verhoffendlich weder von hohen noch niedern Ihme etwas wiedriges mit Bestande der Warheit wird nachgesaget werden können, und (6.) derselbe so wohl ein Kirchendiener gewesen, alß *Cantor* und *Organista* sind, solchen aber das Gnaden halbe Jahr auch zukömmet, dahero wir zum (7.) schließlichen unß in unserm Ehelende und betrübten Zustande hiemit selbst trösten, daß Er durch seine *Music*-Kunst und sonderliche Artt jedermänniglichen vergnüget, wovon wir zwar nicht zu rühmen haben, sondern andern davon zu reden überlaßen wird, und also (8.) das gute Vertrauen haben, es werde E. Edl. Wohlw. Raht unsers liebgewesenen Ehemannes und Vattershalber unß mit unserm *Petito* keinen Fehltritt thun laßen, wir werden es sämbtlich nicht allein mit dienst-gehorsambsten Danck erkennen und rühmen, sondern auch vor Dero allerseits gutem Wohlstande, langem Leben, und glückl: Regierung Gott instehend anflehen, die wir unter deßen hohen *Protection*, Dieselben empfehlende verharren,
E: Edl: Wohlw: Rahtß

Eißenach, den 4. *Martij.*
1695.

Ehren-Dienstwilligste
gehorsambste,
Johann *Ambrosius* Bachß
hinterl: Wittbe und
Erben

A. C. Dedekindt *Cantor curaois noie concepit & subscripsit*

Denen WohlEdlen, Vesten, auch WohlEhrenVesten, Groß- und Vor-

achtbaren, Hoch- und Wohlgelahrten, auch Hoch- und Wohlweisen Herren BürgeMeistern und Raht, der Fürstlich Sächßischen *Residenz* Stadt Eißenach, Unsern insonders hochgeehrtesten Herren und hochgeneigtesten *Patronis*,
Eißenach.

Bittschrift der zweiten Frau von Johann Ambrosius Bach, Barbara Margaretha, geb. Keul, sowie der Erben um Gewährung des Gnadenhalbjahres, nach Ambrosius' Tod verfaßt von Andreas Christian Dedekind, dem Kantor der Georgenschule Eisenach.
Den Erben wurde das fortlaufende Gehalt des Ambrosius Bach für eineinhalb Quartal ausbezahlt. Als neuer Hausmann (Stadtpeifer) wurde Johann Heinrich Halle aus Göttingen bestellt. Der Haushalt des Ambrosius wurde aufgelöst; die Witwe kehrte in ihren Heimatort Arnstadt zurück.

vacirende Haußmanß Stelle: offene Stadtpfeiferstelle; Patron: Inhaber eines kirchlichen Patronats; causiren: verursachen.

Johann Nikolaus Bach (1669–1753)

Der älteste Sohn des Eisenacher Stadtorganisten Johann Christoph Bach (vgl. S. 17ff.) studierte an der Universität Jena, danach unternahm er eine Reise nach Italien. Seit 1696 war er Organist der Michaeliskirche in Jena und seit 1719 auch an der Kollegienkirche der Jenaer Universität. Nebenbei arbeitete er als Instrumentenmacher; er stellte zum Beispiel Lautenklaviere her. 1790 findet sich in dem von Ernst Ludwig Gerber herausgegebenen Lexicon der Tonkünstler *folgende Anmerkung: »Er hat sich nicht allein duch seine gesetzten [Suiten] nach damaliger Art, sondern auch durch seine verfertigten Klavierinstrumente verschiedener Art, mit Ruhm bekannt gemacht.«*
Es sind nur wenige Werke von ihm (Genealogie No. 27) erhalten, darunter eine italienisch beeinflußte Missa brevis.
Das folgende Gutachten betrifft die von dem Naumburger Orgelbauer Zacharias Theyßner errichtete Orgel in der Kollegienkirche der Universität Jena.

AN DEN PROREKTOR DER UNIVERSITÄT JENA

[Jena, 2.9.1704]

Auf Ihrer Magnifizenz Herrn Prorectoris Befehl habe an der izt reparirten Orgel in der Collegienkirche folgendes observiret:
(1) was die Bälge anlanget, so gehen dieselben an verschiedenen Orten in etwas aus, dessen Ursach Herr Theyßner dem allzu warmen Wetter zuschreibet, welches auch etwas darbey thun kann. Das einzige aber, was ich nach meinem wenigen Verstande an denselben zu desideriren habe, ist, daß nemlich die vier Bälge gar zu geschwinde lauffen, und sollten selbige zum wenigsten so langsam gehen, daß der Calcant, wenn er sie niedergetreten und der Organist mit drey oder vier Registern spielete, inzwischen hinunter in die Kirchen und wieder hinauff gehen könte; da hingegen itzunder der Calcant nicht wohl das Chor auff und abgehn darff, daß sie nicht schon wieder niedergelauffen; möchte auch dieser geschwinde Lauff noch zu dulten seyn, wenn nur nicht etwann ins künff-

tige noch ein geschwinderer zu besorgen, welches Herr Theyßner aus der Erfahrung haben und deswegen Versicherung thun muß.

(2) Am Wind spüret mann, nach dem etwann einer mit vollen geschwinden Griffen spielet, einiges Schwanken, welchem nach meiner geringen Meinung hätte können abgeholffen werden: Allein Herr Theyßner meinet, es wären auch gar nur drey Bälge für das Werck genug.

(3) An den Wind-Laden verspüret man eben nichts, nur daß inwendig in den BaßLaden bey den meisten Ventilen schmale Leistgen angenagelt, welches sonst nicht gebräuchlich, und wird Herr Theyßner deshalben Nachricht zu geben wißen, warüm es nur bey etlichen und nicht bey allen ventilen also hat seyn müßen.

(4) Die Abstractur ist noch alle gut gemacht.

(5) Die Registratur ist etwas unbequem zu ziehen, so daß der Organist nicht wohl unter werenden Spielen einige Veränderung machen kan; und ist noch darbey zu erinnern, daß wenn ein oder anderes Register gezogen wird, sich ein anderes oder auch wohl mehr zugleich mit regen, da sie doch fein feste stehen sollen.

(6) Die beyden Manual laßen sich noch gut tractiren, nur daß die semitonia zumahl in dem Hauptmanual gar zu tieff fallen, daß sie auch die diatonischen claves mit berühren, ehe der Anspruch der Pfeiffen gehört wird, welchem Herr Theyßner abzuhelffen geneiget.

(7) Wenn die beyden Manual gekoppelt werden, so will die Koppel im Obermanual an etlichen Orthen nicht eben das thun, was das untere Manual thut; welchen defect Herr Theyßner durch schärfferes Anziehen der Clavire corrigiren will.

(8) Das Pfeiffwerck anlangend, so ist dasselbe theils gute fleißige, theils aber auch nicht gar zu saubere Arbeit: weils aber eine Reparatur ist, da theils der alten Pfeiffen behalten worden, müßten sie passiret werden: Es sind aber in unterschiedlichen Pfeiffen, sowohl von Flöt- als Rohrwercken, oben Ringe eingesencket, worauff die Hrn. Orgel-Macher sonsten gar ein scharffes Auge haben, indem sie die Mensur in solchen Pfeiffen nicht allzu gar richtig halten.

(9) Wegen des hurtigen oder langsamen Anspruchs der Pfeiffen, habe nicht eben alle und iede claves, die etwann hirinnen

mangelhafft, specificiren wollen, weil Hr. Theyßner selbsten der Organistenkunst zugethan und ohne unser Erinnern besagten defecten abzuhelffen vor nöthig erachtet: wenn dann nachmahls das Werck von solchen Mängeln frey und durch alle Register recht aequal gemacht, als denn kann es einem beliebigen examini ohne alles Bedencken unterzogen werden. Die beyden Register-Ziege, welche mit Sesquialter benahmet, aber nur einfach sind, und mit Zuthuung anderer Stimmen erst müssen zu Sesquialtern gemacht werden, können nur ihren rechtmäßigen titual als tertian ohne Nachtheil führen; denn ein Unverständiger, der dem Nahmen ohne Gehör alleine traut, dürffte mit einer seltsamen Harmonie auffgezogen kommen; Ein Verständiger aber flugs mit der Frage fertig seyn: warümb denn ein so großes Werck nicht mit einer völligen und mit einem eintzigen Zug verfertigten Sesquialiter versehen? Was endlich die Temperatur, als das edelste an einer Orgell, auch in diesem Werck anlanget, so hat diesselben Hr. Theyßner noch alle gut nach seiner Arth eingerichtet; weil aber demonstrirt werden kan, daß, was die modos fictos betrifft, nicht genugsame satisfaction zu bekommen: Ja, da auch die Music nun so gestiegen, daß in den besten musicalischen Stücken und Generalbäßen kein genus rerum allein hinlänglich, sondern ein genus mixtum, nehmlich diatonico-chromatico-enharmonicum im Schwange gehet; als haben auch in diesem Stück nicht allein der Orgelmacher als Übergeber, sondern auch der zum Werck bestellte Organist conjunctim dahin zu sehen, damit diese sonst mit herrlichen Stimmen versehene Orgell an diesem nothwendigen Requisito nicht irgend versäumet werde und dann in Ermangelung besagten richtigen Temperatur nicht etwann denen so genannten Puritanern Gelegenheit gegeben werde, daß Werck als imperfect und unbrauchbar anzuschreiben.

Jena, den 2. Sept. 1704

J. N. Bach, Org.

[Jena, 7. 3. 1709]

Es ist mir vor gewiß hinterbracht worden, als sei die in der Collegienkirche vor kurzer Zeit vacant gewordene Organistenstelle noch nicht besezet. Nun weiß wohl, daß wo nur möglich einer HochLöbl. Universitaet zu Gefallen zu leben meine Schuldigkeit ist, hätte mich auch eher bey dieser Gelegenheit gemeldet, wenn nicht, da ich zu unterschiedenen Malen eben hierinnen unglücklich gewesen, Bedenken getragen, in eben einer Sache beschwerlich zu fallen. Allein, da es scheinet, als dürffte etwann anietzo ein günstigeres Concept in Ansehung meiner gefaßt werden, Alß habe durch dieses, und zwar nur alleyn bey Ihro Magnifizenz wegen vacanter Stelle ansuchen wollen, mit Bitte, sofern einige Difficultäten, die mir hierinnen hinderlich, die Sache nur zu cachiren und nicht auffs Tapett zu bringen. Sollte aber hierinnen noch etwas zu thun seyn, so stelle Ihro Magnifizenz zu Hochgeneigtem Andenkken, daß mir nicht nur der allererste Bau dieser Orgel wohl bekannt, sondern auch von einer HochLöbl. Universitaet zu letzterer Reparatur / worbey verhoffentlich mit aller Treue mich auffgeführet / gezogen worden und mir also des Wercks Beschaffenheit gar wohl wissend: Ist mir auch noch in frischem Gedächtnis, wie Ihro Magnifizenz, da ich meine ietzige Charge ambiret, einen so nachdrücklichen und zu schleuniger Beförderung ausschlagenden aditum bey dero HochSeeligen Hrn. Schwiegervater, Hrn. Superintendenten Goezen, gemachet, daß ich also so auch vor diesmal reüssiren sollte, Ihrer Magnifizenz doppelt verbunden. Übrigens hoffe, es werde dies mein Ansuchen Hochgeneigt auffgenommen werden und verbleibe

Magnifice domine Prorector
Hoch Geehrtester und großer Patron
dero gehorsamster

Jena 7. Martii 1709 J. Nic. Bach, Organ.

Nach dem Tod des an der Jenaer Kollegienkirche tätig gewesenen Organisten Johann Georg Anthoni am 4. Februar 1709 bewarb sich Johann Nikolaus Bach um die freigewordene Organistenstelle. Die Bewerbung hatte keinen Erfolg. Ein Bestallungsbrief wurde ihm erst zehn Jahre später, im Jahr 1719, ausgehändigt.

cachiren: verbergen; Charge: Amt, Würde, Rang; ambiren: sich bewerben; aditus: Zugang, Zutritt.

Johann Sebastian Bach.
Porträt von Elias Gottlob Haußmann, 1746

Johann Sebastian Bach (1685–1750)

»Bach (Joh. Sebastian) *Hrn. Joh.* Ambrosii *Bachs, gewesenen Hof- und Raths*-Musici *zu Eisenach Sohn, gebohren daselbst an. 1685 den 21* Martii, *hat bey seinem ältesten Bruder, Hrn. Johann Christoph Bachen, gewesenen Organisten und Schul-*Collegen *zu Ohrdruff, die ersten* Principia *auf dem Clavier erlernet; wurde erstl. an. 1703 zu Arnstadt an der Neuen-Kirche, und an. 1707 zu Mühlhausen an der* S. Blasii-*Kirche Organist; kam an. 1708 nach Weimar, wurde hieselbst Hochfürstl. Cammer*-Musicus *und Hof-Organist, an. 1714* Concert-*Meister; an. 1717 zu Cöthen Hochfürstl. Capell-Meister, und an. 1723 nach des seel. Hrn. Kuhnauens Tode,* Music-Director *in Leipzig, auch Hochfürstl. Sachsen-Weißenfelsischer Capell-Meister. Von seinen vortrefflichen ClavierSachen sind in Kupffer heraus gekommen: an. 1726 eine* Partita *aus dem* B dur, *unter dem Titul: Clavier-Übung, bestehend in* Præludien, Allemanden, *Couranten*, Sarabanden, Giquen, Menuetten, *etc. Dieser ist gefolgt die Zweyte, aus dem* C moll; *die 3te aus dem* A moll; *die 4te aus dem* D dur; *die 5te aus dem* G dur, *und die 6te aus dem* E moll; *wormit vermuthlich das* Opus *sich endiget. Die Bachische Familie soll aus Ungern herstammen, und alle, die diesen Nahmen geführet haben, sollen so viel man weiß, der Music zugethan gewesen seyn; welches vielleicht daher kommt: daß so gar auch die Buchstaben* b a c h *in ihrer Ordnung* melod*isch sind. (Diese* Remarque *hat den Leipziger Hrn. Bach zum Erfinder.)«*

(Aus: Musicalisches LEXIKON Oder Musicalische Bibliothec, [...] von Johann Gottfried Walthern, [...] Leipzig, verlegts Wolfgang Deer, 1732)

Mit »Ungern« ist der böhmisch-mährische Raum gemeint, nicht das heutige Staatsgebiet Ungarn.

Johann Sebastian Bach ist in der Genealogie unter No. 24 aufgeführt.

[Mühlhausen, 25.6.1708]

Magnifice, Hoch und WohlEdle, Hoch und Wohlgelahrte, Hoch und Wohlweise Herrn, Hochgeneigte *Patroni* und Herrn.

Welcher gestallt Eüre: *Magnificenz*, und Hochgeschäzte *Patronen* zu dem vor dem Jahre verledigtem *Organi*sten Dienste *D: Blasii* meine Wenigkeit hochgeneigt haben bestellen, darneben auch Dero Milde zu meiner beßeren *subsistenz* mich genießen laßen wollen, habe mit gehorsahmen Danck iederzeit zu erkennen. Wenn auch ich stets den Endzweck, nemlich eine *regulir*te kirchen *music* zu Gottes Ehren, und Ihren Willen nach, gerne aufführen mögen, und sonst nach meinem geringen vermögen der fast auf allen Dorfschafften anwachsenden kirchen *music*, und offt beßer, als allhier *fasonier*ten *harmonie* möglichst aufgeholffen hätte, und darümb weit u. breit, nicht sonder kosten, einen guthen *apparat* der auserleßensten kirchen Stücken mir angeschaffet, wie nichts weniger das *project* zu denen abzuhelffenden nöthigen Fehlern der Orgel ich pflichtmäßig überreichet habe, und sonst aller Ohrt meiner Bestallung mit Lust nachkommen währe: so hat sichs doch ohne wiedrigkeit nicht fügen wollen, | gestalt auch zur zeit die wenigste *apparence* ist, daß es sich anders, obwohl zu dieser kirchen selbst eigenen Seelen vergnügen künfftig fügen mögte, über dießes demüthig anheim gebende, wie so schlecht auch meine Lebensarth ist, bey dem Abgange des Haußzinses, und anderer eüßerst nöthigen *consumtio*nen, ich nothdürfftig leben könne.

Alß hat es Gott gefüget, daß eine Enderung mir unvermuthet zu handen kommen, darinne ich mich in einer hinlänglicheren *subsistence* und Erhaltung meines endzweckes wegen der wohlzufaßenden kirchen*music* ohne verdrießligkeit anderer ersehe, Wenn bey Ihro HochFürstlichen Durchlaucht zu Sachsen Weymar zu dero Hoff*capell* und Cammer*music* das *entree* gnädigst erhalten habe.

Wannenhero solches Vorhaben meinen Hochgeneigtesten *Patron*en ich hiermit in gehorsahmen *respect* habe hinterbringen und zugleich bitten sollen, mit meinen geringen kirchen Diensten vor dießesmahls vor willen zu nehmen, und mich mit einer gütigen *dimission* förderlichst zu versehen. Kan ich ferner etwas zu Dero Kirchen Dienst *contribuir*en, so will ichs mehr in der That, als in Worten darstellen, verharrende lebenslang

HochEdler Herr,
Hochgeneigte *Patron*en und Herrn,
Deroselben

Mühlhausen. dienstgehohrsamster
den 25 *Jun:* *Joh: Seb: Bach.*
anno 1708.
An die
Allerseits *respectivè*
Höchst und Hochgeschäzten
Herrn Eingepfarrten
D: Blasii,
unterthäniges
Memoriale.

Entlassungsgesuch aus dem Dienst als Organist der Blasiuskirche in Mühlhausen. Bach war dort seit dem 15. Juni 1707 tätig.
Schon bevor er das Gesuch aufsetzte, hatte er einen Ruf als Hoforganist und »Cammermusicus« der Herzöge Wilhelm Ernst und Ernst August in Weimar angenommen. In Mühlhausen hieß es: »Weil er nicht aufzuhalten, müste mann wohl« mit seinem »Rücktritt« einverstanden sein. (26.6.1708)

subsistenz: (Lebens-)Unterhalt; fasonieren: in Form bringen, zustande bringen; apparat: Hilfsmittel (hier: Notenbibliothek?); apparence: Anschein; entree: Zutritt; dimission: Entlassung.

AN DEN STADTRAT IN ERFURT

[Köthen, 15.3.1722]

HochEdle etc. Veste und Hochgelahrte
auch Hochweise Herren,
Insonders Hochgeehrteste Herren *Patroni.*
Ew. HochEdlen ist albereit bekant, welcher gestalt ich und mein Bruder, Joh: Jacob Bach, (so in Königlich Schwedischen Diensten ist,) MitErben bey der Lemmerhirtischen Verlaßenschafft seynd. Weil ich nun eüßerlich vernehme, daß die andern Herrn MitErben gesinnet seyn, einen *proceß* über solche Verlaßenschafft anzuspinnen, gleichwohl aber mir und meinem abwesendem Bruder damit nicht gedienet ist, indeme

nicht gesinnet bin das Lemmerhirtische *Testament* rechtlich anzufechten, sondern mit deme zufrieden bin, was mir und meinem Bruder darinne gegönnet und verordnet worden, maßen ich vor mich und *sub cautione rati nomine* meines Bruders hiermit allen *proceß*-Wesen krafft dieses *re*|*nunciir*et und mit gewöhnlicher *protestation* verwahret haben will. So habe diesem nach es vor nöthig erachtet solches an Ew: HochEdlen dienstlich zu eröffnen, mit gehorsamster Bitte diese meine *respective renunciation* und *protestation* hochgeneigt anzunehmen, und die mir und meinem Bruder noch zu kommenden Erbschaffts *qvotas*, so wohl von deme, was albereit *in deposito* liegen als was noch künfftig *deponiret* werden möchte, hochgütigst abfolgen zu laßen, welche hohe *Faveur* ich mit ergebensten Dancke erkenne und dafür beharre

Eu: HochEdlen

ergebenster Diener
Joh: Sebast: Bach.
Hochfürstlich Anhalt-Cöthenischer Capellmeister

Cöthen. den 15. *Martii*
anno 1722.

Denen HochEdelen, Vesten, Hochgelahrten und HochWeisen Herren
Stadt-Schultheisen, Bürgemeistern,
Syndico und andern Raths-*Collegen*.
Meinen insonders Hochgeneigten Herren
Patronis in Erffurth.

Franco.

Das Schreiben hat Meinungsverschiedenheiten zum Anlaß, die das Erbe von Tobias Lämmerhirt (1639–1707) und dessen zweiter Frau Martha Katharina (gest. 1721) betreffen. Tobias Lämmerhirt war ein Bruder von Johann Sebastian Bachs Mutter Elisabeth, geb. Lämmerhirt. Seine zweite Frau hatte am 27.12.1708 die Patenschaft von Bachs Tochter Catharina Dorothea übernommen.
Bachs Bruder Johann Jakob (vgl. Genealogie No. 23) war 1706–1722 Oboist am schwedischen Hof in Stockholm.

sub cautione rati: unter gültiger Rechtsverbriefung; respective renunciation: entsprechender Verzicht; protestation: Einspruch; in deposito: in Verwahrung; qvota: Summe; Faveur: Gunst.

[Leipzig, 28.7.1726]

Hoch-Edler.
Insonders hochgeehrtester Herr
und (so es noch erlaubt seyn dörffte)
Werthester Herr Bruder.

Bey dieser *favorablen occasion* erfordert die Schuldigkeit Ew: HochEdlen beständigen hohen Wohlseyns mich gehorsamst zu erkundigen, anbey stets währende *continuation* deßselbigen aufrichtigst anzuwünschen. Die wenige mündliche *relation* des Überbringers gegenwärtigen Schreibens, hat mich in solches Vergnügen gesetzet, daß vor Verlangen recht brenne ümständlichere Nachricht von Ew. HochEdlen bißherigen glücklichen u. Dero preiswürdigen *meriten* geziemenden (...) wißend zu werden, dieser wegen habe mich der Frey- und Kühnheit unterfangen Ew: HochEdlen selbsten beliebiger *disposition* es zu überlaßen, in wie weit meine *couriosité* zu vernügen seyn dörffte. Wollen Ew. HochEdlen demnach eines alten auffrichtigen Dieners, ehemahlig Schul-Cammeraden und Reisegefährtens sich hochgeneigt belieben zu erinnern und deßen gehorsamstes bitten geneigte statt finden laßen, so werden *Dießelben* sich ganz zu eigen verbinden.

Ew: HochEdlen
unterthänigsten
und
gantz gehorsamsten
Diener
Joh: Sebast: Bach

Leipzig, den 28 *Julij*
1726.

Brief an den Jugendfreund Erdmann.
Erdmann hatte 1698/99 in Ohrdruf mit Bach dieselbe Klasse des Lyzeums besucht. Beide waren Reisegefährten, als sie im Jahr 1700 an die Michaelisschule in Lüneburg überwechselten. Der russischen Diensten unterstellte Erdmann wurde beim Militärgericht der Division des Fürsten Repnin in Litauen juristischer Berater im Offiziersrang. Er kam 1718 in der Funktion eines russischen diplomatischen Vertreters nach Danzig und starb 1736 als kaiserlich-russischer Agent, Hofrat und Resident.
Mit diesem Brief dürfte jenes Schriftstück gemeint sein, auf das Erd-

mann, wie der Thomaskantor in einem weiteren Erdmann übersandten Schreiben vom 28. 10. 1730 anmerkte, vor »nunmehr fast 4 Jahren« antwortete. (Siehe S. 40f.)

continuation: Fortdauer; relation: Bericht, Mitteilung; meriten: Verdienste; disposition: Verfügung; couriosité: Neugierde.

AN DEN STADTRAT IN LEIPZIG

[Leipzig, 20. 9. 1728]

Magnifici,
HochEdelgebohrne, HochEdle, Veste, Hoch- und Wohlgelahrte, auch Hochweise,
HochzuEhrende Herren und *Patroni,*

Ew. *Magnificenz* HochEdelgebohrne und HochEdle Herrlichkeiten geruhen Sich Hochgeneigt zurück zu erinnern, welchergestalt bey erfolgter *uocation* des mir anvertrauten *Cantorats* bey hiesiger Schulen zu *St. Thomae* ich von E. *Magnificenz* HochEdelgebohrenen und HochEdlen Herrlichkeiten dahin verwiesen worden, derer bißanherigen Gebräuchen bey dem öffentlichen GottesDienst allenthalben gebührend nachzugehen, und keine Neuerung einzuführen, mir auch hierunter Dero hohen Schutz angedeyhen zu lassen hochgeneigt versichert. Unter diesen Gebräuchen und Gewohnheiten ist auch die Verordnung derer Geistlichen Gesänge vor und nach denen Predigten gewesen, welche mir und meinen *Antecessoribus* des *Cantora*ts nach Maßgebung derer *Euangeliorum* und dahin eingerichteten Dreßdner-Gesangbuchs, wie es der Zeit und Umstände *conuenient* geschienen, lediglich überlassen worden, allermassen, wie das löbliche *Ministerium* es zu *attestir*en wissen wird, niemahls *contradiction* | dießfalls entstanden. Diesem zu wieder aber hat sich der *Subdiaconus* der Kirchen *St. Nicolai* Herr *Mag.* Gottlieb Gaudlitz einer Neuerung bißanhero zu unterziehen, und an statt der bißherigen Kirchen Gebrauch gemäß geordneten Lieder, andere Gesänge anzuordnen gesuchet, und als ich wegen besorglicher *consequenti*en darein zu *condescendir*en Bedencken getragen, beschwerde bey dem Hochlöblichen *Consistorio* wieder mich geführet, und eine Verordnung an mich ausgewürcket, Inhalts welcher ich hinkünfftig dieienigen Lieder, welche mir von den Predigern angesaget werden würden, absingen lassen solle. Wann dann aber mir solches ohne vor-

bewust E. *Magnificenz* HochEdelgebohrenen und HochEdlen Herrlichkeiten als hohen *Patronis* derer alhiesigen Kirchen zu bewerckstelligen um soviel weniger geziehmen will, da bißanhero von so langer Zeit beständig die Verordnung derer Lieder bey dem *Cantorat inturbi*ret geblieben, ermeldter Herr *Mag.* Gaudlitz auch selbst in seinen an das Hochlöbliche *Consistorium* gerichteten und beygehenden abschrifftlichen Schreiben *sub A.* gestehet, daß, wenn ihm ein oder das anderemahl gefüget worden, mein als des *Cantoris* Einwilligung hierzu erfordert worden. Wozu kommt, daß wenn bey Kirchen *Musiqu*en auserordentlich lange Lieder gesungen werden sollen, der Gottesdienst aufgehalten | und also allerhand Unordnung zu besorgen stehen würde, zugeschweigen kein eintziger derer Herren Geistlichen, ausser der Herr *Mag.* Gaudlitz als *Subdiaconus* diese Neuerung zu *introduciren* suchet. Welches ich also E. *Magnificenz* HochEdelgebohrenen und HochEdlen Herrlichkeiten als *Patronis* derer Kirchen gehorsamst zu hinterbringen der Nothdurfft erachtet, mit unterthänigen Bitten, mich bey denen bißherigen üblichen Gebräuchen derer Lieder und derer Anordnung Hochgeneigt zu schützen. Wofür lebenslang verharre
E. *Magnificenz* HochEdelgebohrenen
und HochEdlen Herrlichkeiten

Leipzig den 20. *Sept.* 1728. gehorsamster
Johann Sebastian Bach. etc.

Denen *Magnificis,* HochEdelgebohrnen,
HochEdlen, Vesten, Hoch- und Wohlgelahrten,
auch Hochweisen Herren, Herren Burgermeister und Beysitzern des löblichen Stadt Regiments
zu Leipzig etc. Meinen HochzuEhrenden
Herren und *Patronis* etc.

Von fremder Hand geschriebener Brief; nur die Unterschrift ist von Johann Sebastian Bach.

Antecessor: Vorgänger; conuenient: passend; contradiction: Widerspruch; consequentien: Konsequenzen, Auswirkungen; condenscendiren: übereinstimmen, genehmigen; Consistorium: oberste Verwaltungsbehörde in der evangelischen Kirche; introduciren: einführen; uocation: Berufung; inturbiren: in Unordnung bringen.

[Leipzig, 28. 10. 1730]

HochWohlgebohrner Herr.

Ew: Hochwohlgebohren werden einem alten treüen Diener bestens *excusiren*, daß er sich die Freyheit nimmet Ihnen mit diesen zu *incommodiren*. Es werden nunmehr fast 4 Jahre verfloßen seyn, da E: Hochwohlgebohren auf mein an Ihnen abgelaßenes mit einer gütigen Antwort mich beglückten; Wenn mich dann entsinne, daß Ihnen wegen meiner *Fatalitäten* einige Nachricht zu geben, hochgeneigt verlanget wurde, als soll solches hiermit gehorsamst erstattet werden. Von Jugend auf sind Ihnen meine *Fata* bestens bewust, biß auf die *mutation*, so mich als Capellmeister nach Cöthen zohe. Daselbst hatte einen gnädigen und *Music* so wohl liebenden als kennenden Fürsten; bey welchem auch vermeinete meine Lebenszeit zu beschließen. Es muste sich aber fügen, daß erwehnter *Serenißimus* sich mit einer Berenburgischen Princeßin vermählete, da es denn das Ansehen gewinnen wolte, als ob die *musicali*sche | *Inclination* bey besagtem Fürsten in etwas laulicht werden wolte, zumahln da die neüe Fürstin schiene eine *amusa* zu seyn: so fügte es Gott, daß zu hiesigem *Directore Musices* u. *Cantore* an der *Thomas* Schule *vociret* wurde. Ob es mir nun zwar anfänglich gar nicht anständig seyn wolte, aus einem Capellmeister ein *Cantor* zu werden, weßwegen auch meine *resolution* auf ein vierthel Jahr *trainirete*, jedoch wurde mir diese *station* dermaßen *favorable* beschrieben, daß endlich (zumahln da meine Söhne denen *studiis* zu *incliniren* schienen) es in des Höchsten Nahmen wagete, u. mich nacher Leipzig begabe, meine Probe ablegete, u. so dann die *mutation* vornahme. Hieselbst bin nun nach Gottes Willen annoch beständig. Da aber nun (1) finde, daß dieser Dienst bey weitem nicht so erklecklich als mann mir Ihn beschrieben, (2) viele *accidentia* dieser *station* entgangen, (3) ein sehr theürer Orth u. (4) eine wunderliche und der *Music* wenig ergebene | Obrigkeit ist, mithin fast in stetem Verdruß, Neid und Verfolgung leben muß, als werde genöthiget werden mit des Höchsten Beystand meine *Fortun* anderweitig zu suchen. Solten Eu: Hochwohlgebohren vor einen alten treüen Diener dasiges Ohrtes eine *convenable station* wißen oder finden, so ersuche gantz gehorsamst vor mich eine hochgeneigte *recommendation* einzulegen; an mir soll es nicht *manquiren*, daß dem hochgeneigten Vorspruch und *intercession* einige *satisfaction* zu geben, mich bestens beflißen seyn werde. Meine itzige *station* belaufet sich etwa auf 700 rthl., und wenn es etwas mehrere, als *ordinairement*, Leichen gibt, so steigen auch nach *proportion* die *accidentia*; ist aber eine gesunde Lufft, so fallen hingegen auch solche, wie denn voriges Jahr an *ordinairen* Leichen *accidentien* über 100 rthl. Einbuße gehabt. In Thüringen kan ich mit 400 rthl. weiter kommen als hiesiges Ohrtes mit noch einmahl so vielen hunderten, wegen der *exceßiven* | kostbahren Lebensarth. Nunmehro muß doch auch mit noch wenigen von meinem häußlichen Zustande etwas erwehnen. Ich bin zum 2ten Mahl verheurathet und ist meine erste Frau seelig in Cöthen gestorben. Aus ersterer Ehe sind am Leben 3 Söhne u. eine Tochter, wie solche Eu. Hochwohlgebohren annoch in Weimar gesehen zu haben, sich hochgeneigt erinnern werden. Aus 2ter Ehe sind am Leben 1 Sohn u. 2 Töchter. Mein ältester Sohn ist ein *Studiosus Juris*, die andern beyden *frequentiren* noch, einer *primam* der andere *2dam Classem*, u. die älteste Tochter ist auch noch unverheurathet. Die Kinder anderer Ehe sind noch klein, u. der Knabe als erstgebohrener 6 Jahr alt. Insgesamt aber sind sie gebohrne *Musici*, u. kan versichern, daß schon ein *Concert Vocaliter* u. *Intrumentaliter* mit meiner *Familie formiren* kan, zumahln da meine itzige Frau gar einen sauberen *Soprano* singet, auch meine älteste Tochter nicht schlimm einschläget. Ich überschreite fast das Maaß der Höfligkeit wenn Eu: Hochwohlgebohren mit mehreren *incommodire*, derowegen eile zum Schluß mit allem ergebensten *respect* zeit Lebens verharrend

Eu: Hochwohlgebohren

gantz gehorsamst-
ergebenster Diener

Leipzig. den 28. *Octobr.* 1730. *Joh: Sebast: Bach.*

incommodiren: belästigen; Fatum: Schicksal, Geschick; mutation: Änderung; Serenißimus: Titel eines regierenden Fürsten (Durchlaucht); Inclination: Neigung; trainiren: hinziehen; incliniren: zuneigen; accidentia: zu einem Fixum hinzukommende zusätzliche Einnahmen (Bachs accidentia waren in Leipzig beträchtlich höher als das Fixum); Fortun: Glück; convenable station: annehmbare Stellung; recommendation:

Empfehlung; manquiren: fehlen; interceßion: Vermittlung; ordinairement: gewöhnlich; »Leiche«: Bestattung (1729 waren in Leipzig 1194 Bestattungen)

AN KURFÜRST FRIEDRICH AUGUST II.

[Dresden, 27.7.1733]

Durchlauchtigster ChurFürst,
Gnädigster Herr,
Ew. Königlichen Hoheit überreiche in tieffster *Devotion* gegenwärtige geringe Arbeit von derjenigen Wißenschafft, welche ich in der *Musique* erlanget, mit ganz unterthänigster Bitte, Sie wollen dieselbe nicht nach der schlechten *Composition*, sonder nach Dero Welt berühmten *Clemenz* mit gnädigsten Augen anzusehen und mich darbey in Dero mächtigste *Protection* zu nehmen geruhen. Ich habe einige Jahre und bis daher bey denen beyden Haupt-Kirchen in Leipzig das *Directorium* in der *Music* gehabt, darbey aber ein und andere Bekränckung unverschuldeter weise auch iezuweilen eine Verminderung derer mit dieser *Function* verknüpfften *Accidentien* empfinden müßen, welches aber gänzlich nachbleiben möchte, daferne Ew. Königliche Hoheit mir die Gnade erweisen und ein *Prædicat* von Dero Hoff-*Capelle conferir*en, und deswegen zu Ertheilung eines *Decrets*, gehörigen Orths hohen Befehl ergehen laßen würden; Solche gnädigste Gewehrung meines demüthigsten Bittens wird mich zu unendliche Verehrung verbinden und ich *offeri*re mich in schuldigsten Gehorsam, iedesmahl auf Ew. Königlichen Hoheit gnädigstes Verlangen, in *Componir*ung der Kirchen *Musique* sowohl als zum *Orchestre* meinen unermüdeten Fleiß zu erweisen, und meine ganzen Kräffte zu Dero Dienste zu widmen, in unauffhörlicher Treue verharrend
Ew. Königlichen Hoheit
Dreßden
den 27. *Julij*
1733.

unterthänigst-gehorsamster Knecht
Johann Sebastian Bach.

Von fremder Hand geschriebener Brief mit eigenhändiger Unterschrift. In der Anlage des an den sächsischen Kurfürsten Friedrich August II. (1696–1763) gerichteten Schriftstückes befand sich ein von Johann Sebastian, seiner zweiten Frau Anna Magdalena und den Söhnen Wilhelm Friedemann sowie Carl Philipp Emanuel aufgesetzter Stimmensatz des Kyrie und Gloria der sogenannten *h-Moll-Messe*, BWV 232 (Abbildung auf den folgenden Seiten).
Bach wurde erst am 19. November 1737, nach einem neuerlichen Bittschreiben, zum »Compositeur von der Königlichen Hoff-Capelle« Sachsen ernannt.

conferiren: übertragen

AN TOBIAS ROTHSCHIER

[Leipzig, 2. 5. 1735]

HochEdelgebohrner Vest und Hochgelahrter.
Besonders Hochgeehrtester Herr *Senior*
Hochgeschätzter Gönner etc.
Es soll dem Verlaut nach vor kurtzen der Stadt *Organist* zu Mühlhaußen Herr Hetzehenn daselbst verstorben, und deßen Stelle biß *dato* noch nicht ersetzet seyn. Nachdem nun mein jüngster Sohn Johann Gottfried Bernhard Bach sich zeither so *habil* in der *Music* gemachet, daß ich gewiß dafür halte, wie er zu bestreitung dieses *vacant* gewordenen Stadt Organisten Dienstes vollkommen geschickt und vermögend sey: Als ersuche Ew: HochEdelgebohren in schuldigster Ehrerbietung, Sie belieben zu Erlangung mehr gemeldten Dienstes meinen Sohn Dero vielgeltende *Intercession* zu schencken, und mich dadurch bittseelig, meinen Sohn aber zugleich glück|lich zu machen, damit ich hierbey noch Dero alte *Faveur* wie vor, also auch ietzo mich zu vergewißern Ursache finden und dagegen versichern könne, daß mit unveränderter Ergebenheit allstets verharre.
Ew HochEdelgebohren
Meines besonders Hochgeehrtesten Herrn *Senioris*
Leipzig
den 2 *Maji*
1735.

gantz ergebenster Diener
Joh. Sebast: Bach.

Dem HochEdelgebohrnen Vest
und Hochgelahrten Herrn, Herrn

Anfang des Kyrie aus der sogenannten h-Moll-Messe von Johann Sebastian Bach. Die einzelnen Stimmen sind geschrieben von Johann Sebastian (Violino I, links), Wilhelm Friedemann (Violino I, rechts), Carl Philipp Emanuel (Soprano I) und Anna Magdalena Bach (Violoncello)

Violino 1.
Kyrie adagio

Violoncello.
Kyrie . moll'adagio
Largo

Tobia Rothschieren, vornehmen
Jure Consulto und Hochansehn-
lichen MitGliede, wie auch hoch-
*meriti*rten *Seniori* E. HochEdlen
und Hochweisen Raths, bey der
Kayserlich freyen Reichs Stadt
Mühlhausen in Mühlhausen

An den Rechtsgelehrten und Mühlhauser Ratsherrn Rothschier (1676–1753) gerichtetes Empfehlungsschreiben für den Sohn Johann Gottfried Bernhard; von fremder Hand geschrieben, jedoch mit eigener Unterschrift.
Johann Gottfried Bernhard Bach war vom 16. Juni 1735 bis Februar 1737 an der Marienkirche in Mühlhausen Organist. (Vgl. S. 123 ff.) Bernhards Vorgänger Johann Gottfried Hetzehen (1664–1735) war von 1693 bis 1735 in Mühlhausen Organist.

AN DEN STADTRAT IN LEIPZIG

[Leipzig, 12. 8. 1736]

Magnifici.
HochEdelgebohrne, HochEdle, Vest-
und Hochgelahrte, auch HochWeise,
Hochgeehrteste Herren und *Patroni.*
Eu: *Magnificentz* HochEdelgebohrne und HochEdle Herrligkeiten geruhen hochgeneigt Sich vortragen zu laßen, daß ob zwar nach E. E. Hochweisen Raths allhier Ordnung der Schule zu *S. Thomæ* dem *Cantori* zu kommet, die jenigen aus denen Schul-Knaben, welche er vor tüchtig erachet als *Præfectos* zu erwehlen, und bey deren *election* nicht alleine auf die Stimme, daß sie gut und helle sey, sondern auch, daß die *Præfecti*, (besonders derjenige, so im ersteren *Chor* absinget) wenn der *Cantor* kranck oder | abwesend, die *Direction* des *Chori musici* führen können, acht zu haben hat; auch dieses ohne *concurrentz* des Herrn *Rectoris* biß anhero und vorhero von denen *Cantoribus* also und nicht anders gehalten worden; sich dem ohngeachtet itziger Herr *Rector, M.* Johann August *Ernesti* die Ersetzung des *Præfecti* im ersteren *Chore* ohne mein Vorwißen und Einwilligung neüerlicher Weise anmaßen wollen, gestallten er letzthin auf diese Art, den bißhe-

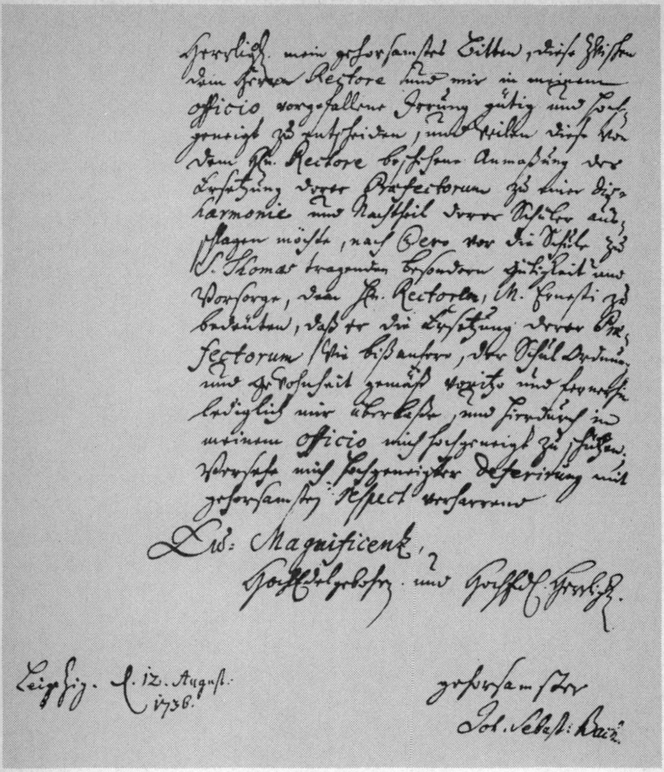

herrlich. mein gehorsamstes Bitten, diese zwischen dem Herrn Rectore und mir in meinem officio vorgefallene Irrung gütig und hochgeneigt zu entscheiden, und weilen diese von dem Hn. Rectore bisheriger Anmaßung der Ersetzung derer Praefectorum zu einer disharmonie und Nachtheil derer Schüler ausschlagen möchte, nach Dero vor die Schule zu S. Thomae tragenden besondern Gütigkeit und Vorsorge, dem Hn. Rectori, M. Ernesti zu bedeuten, daß er die Ersetzung derer Praefectorum (wie bishero, der Schul Ordnung und Gewohnheit gemäß) vorietzo und fernerhin lediglich mir überlaßen, und hierdurch in meinem officio mich hochgeneigt zu schützen. Verhoffe mich hochgeneigter deferirung mit gehorsamsten Respect verharrend

Ew: Magnificenz,
Hochedelgebohrn. und Hochweis. Herrlichk.

Leipzig. d. 12. August. 1736.

gehorsamster
Joh. Sebast: Bach.

Letzte Seite des Briefes vom 12. August 1736
an den Rat der Stadt Leipzig

rigen *Præfectum* des andern *Chores* Krausen zum *Præfecto* des ersteren ernennet, auch hiervon aller von mir geschehenen gütlichen Vorstellung ungeachtet nicht abgehen will, ich aber, da solches obangezogener Schul-Ordnung und hergebrachten Gewohnheit zu wieder zum *præjudiz* meiner *Successorum* und Schaden des *Chori Musici* solches nicht geschehen laßen mag; als ergehet an Eu: *Magnificenz*, HochEdelgebohrne u. HochEdle | Herrligkeiten mein gehorsamstes Bitten, diese zwischen dem Herrn *Rectore* und mir in meinem *officio* vorgefallene Irrung gütig und hochgeneigt zu entscheiden, und weilen diese von dem Herrn *Rectore* beschehene Anmaßung der Ersetzung derer *Præfectorum* zu einer *disharmonie* und Nachtheil derer Schüler ausschlagen möchte, nach Dero vor die Schule zu *S. Thomas* tragenden besondern Gütigkeit und Vorsorge, den Herrn *Rectorem, M.* Ernesti zu bedeüten, daß er die Ersetzung derer *Præfectorum* wie biß anhero, der Schul Ordnung und Gewohnheit gemäß voritzo und fernerhin lediglich mir überlaße, und hierdurch in meinem *officio* mich hochgeneigt zu schützen; Versehe mich hochgeneigter *deferirung* mit gehorsamsten *respect* verharrend
Eu: *Magnificentz*,
HochEdelgebohrnen und HochEdlen Herrligkeiten
Leipzig. den 12. *August* gehorsamster
1736. *Joh. Sebast: Bach*

Denen *Magnificis*, HochEdelgebohrnen,
HochEdlen, Vesten und Hochgelahrten
auch Hochweisen Herren, Herrn
BurgerMeister und Beysitzern
des wohllöblichen Stadt-*Regiment*es zu
Leipzig. Meinen hochgeehrtesten
Herren und *Patronen*.

Eingabe Bachs im Laufe eines zwei Jahre (1736 bis 1738) dauernden Streites, in dem es darum ging, ob Bach selbst, als Kantor der Thomasschule, die letzte Entscheidungsbefugnis bei der Einsetzung des den Kantor vertretenden Chorpräfekten habe oder der Schulrektor Johann August Ernesti (1707–1781).

officium: Amt; deferieren: einem Antrag stattgeben.

[Leipzig, 15.8.1736]

P.M.

Der völlige und wahrhafftige Verlauf wegen des *Alumni* Krausen, so von dem Herrn *Rectore* als erster *Præfectus* mir aufgezwungen werden will, verhält sich also: Bereits gemeldeter Krause ist schon vorm Jahre in solchem schlechten Ruffe wegen unordentlicher LebensArt und dahero entstehenden Schulden gewesen, daß seinethalber ein *Convent* gehalten, und darinne ihm nachdrücklich angedeütet worden, daß, ob er wohl verdienet hätte seines liederlichen Lebens wegen so fort von der Schule gejaget zu werden, man doch in Ansehung seines dürfftigen Zustandes, (da er selbsten gestanden über 20 Thaler Schulden gemachet zu haben) und auf Angelobung sich zu beßern, noch ein Viertheil Jahr mit ihme Gedult zu haben, und so dann nach Befindung seiner geänderten LebensArth ihme weitere Nachricht ertheilet werden solte, ob er noch ferner gedultet oder *removir*et seyn würde. Da nun der Herr *Rector* vor ihme, Krausen, iederzeit besondere Geneigtheit spühren laßen, auch zu dem Ende mich mündlich ersuchet, ihme eine *Præfectur* angedeyen zu laßen, ich aber Ihme *remonstrir*et, daß er darzu nicht geschickt; der Herr *Rector* aber darauf *replicir*ete, daß ichs immer thun möchte, damit besagter Krause sich aus seinen Schulden reisen könte, und dadurch eine der Schule sonsten zuwachsende *blame* vermieden würde, zumahlen, da seine | Zeit bald aus seyn, u. man ihn also mit guter *manier* looß würde; So habe darunter dem Herrn *Rectori* eine Gefälligkeit erweisen wollen, und dem Krausen die *Præfectur* in der Neüen Kirche (als woselbst die Schüler weiter nichts als *Motetten* und *Choræle* zu singen, mit anderer *Concert Musique* aber nichts zu thun haben, weiln selbige vom Organisten besorget wird) gegeben in Erwegung, daß ohne dem die Jahre seines *revers*es biß auf eines verfloßen, u. nicht zu besorgen, daß er weder das andere noch weniger das erste *Chor* würde zu *dirigiren* bekommen können. Da nachhero aber der *Præfectus Chori* l. nahmens Nagel von Nürnberg bey letztverwichenem Neüen Jahres Singen sich beklagete, wie daß er wegen übelbeschaffener Leibes *Constitution* nicht im Stande sey es auszutauern; als wurde genöthiget außer der sonst gewöhnlichen Zeit eine Änderung mit denen *Præfecturen* zu treffen, den zweyten *Præfectum* in das erstere *Chor*, u. offt besagten Krausen aus Noth in das andere *Chor* zu nehmen. Da er aber mit dem *tact* geben verschiedene *Fauten* begangen, wie aus mündlicher *relation* des Herrn *Conrectoris* (so im zweyten *Chor* die *Inspection* hat) vernommen, da nach Befragung wegen geschehener *Fauten*, von denen übrigen *alumnis* die Schuld einzig und alleine dem *Præfecto* wegen | unrüchtiger Führung des *tactes* beygemeßen worden; Ich auch noch ohnlängst in der Singstunde selbsten eine *probe* seines *tact* führens genommen, da er dann so schlecht bestanden, daß er nicht einmahl in denen beeden Haupt Arten des *tactes*, als nemlich dem gleichen oder 4 Viertel, u. dem ungleichen oder 3 Viertel *tact*, die *mensur accurat* hat geben können, sondern bald aus ¾, einen gleichen, und *vice versa* gemachet, (wie solches sämtliche *alumni attestiren* müßen;) dahero von seiner Ungeschickligkeit völlig überzeüget worden; als habe ihme ohnmöglich die *Præfectur* des ersteren *Chores* können anvertrauen, zumahlen die *musicali*schen Kirchen Stücke so im ersteren *Chore* gemachet werden, u. meistens von meiner *composition* sind, ohngleich schwerer und *intricat*er sind, weder die, so im anderen *Chore* und zwar nur auf die FestTage *musicir*et werden, als wo ich mich im *choisir*en selbiger, nach der *capacitè* derer, so es *executir*en sollen, hauptsächlig richten muß. Und ob zwar noch mehrere Ursachen könten angeführet werden, welche den Krausen seiner *incapacite* noch kräfftiger überführen dörfften, so erachte doch, daß die bereits angeführten *raisons* hinlänglich, darzuthun, daß meine Eu: HochEdlen u. Hochweisen Rathe gehorsamst *insinuir*te Beschwerden gerecht, u. einer baldigst- und schleünigen Hülffe benöthiget.

Leipzig, den 15. *August.* 1736. *Joh: Sebast: Bach.*

Alumnus: Zögling einer kirchlichen Erziehungsanstalt; removiren: absetzen; blame: Bloßstellung; revers: Erklärung, Verpflichtungsschein; Faut: Fehler; relation: Bericht, Mitteilung; intricat: heikel; choisiren: auswählen; capacitè: Fähigkeit; executiren: ausführen; raison: Grund, Ursache; insinuiren: zutragen.

[Leipzig, 12.2.1737]

Magnifici, HochEdelgebohrne Hoch-
Ehrwürdige, Hoch-Edle, Vest und hochgelahrte
Hochgeehrteste Herren und
hohe *Patroni*!

Es hat der *Rector* der Schule zu *St. Thomæ* allhier Herr *M.* Johann August *Ernesti* jüngsthin sich unterstanden, mir bey dem ersten *Chor*, welches von denen *Alumnis* der bemeldten Schule *formir*et wird, ein untüchtiges *Subjectum* zum *Præfecto* wieder | meinen Willen aufzudringen; und als ich dieses weder annehmen können, noch wollen; hat ermelter Herr *M. Ernesti* allen *Alumnis*, daß keiner, ohne diesem seinen eigenmächtig gesetzten *Præfecto* in der Kirche die *Motette* absingen, oder dirigiren solte, bey Straffe der *Relegation* verbothen, auch dadurch so viel *effectuir*et, daß den Sonntag drauf in der NachMittags Predigt kein eintziger Schüler aus Furcht der angedroheten Strafe das Absingen über sich nehmen, und die *Motette dirigir*en wollen, ja es würden gar die *Sacra* gestöhret worden seyn, wenn ich nicht noch einen *Studiosum*, so solches verrichtet, dahin vermocht hätte.

Wann ich dann durch dieses, des Herrn *Rectoris* Unternehmen | nicht allein in meinem *Officiô* gar sehr gekräncket und *turbir*et, sondern mir auch der, von denen Schülern schuldige *Respect* entzogen, und ich dadurch um meine *Reputation* bey ihm gebracht worden; da doch 1) nach EE. Raths allhier, bey der Schule zu *St. Thomæ* gemachten Schul-Ordnung *Cap.* 14. §. 4. mir die *Præfectos Chororum* aus denen Schul Knaben ohne *Concurrentz* des Herrn *Rectoris* zu erwehlen zustehet, solches auch bishero so wohl von mir, als meinen *antecessoribus* beständig also gehalten worden; gestalt dieses daher seinen vernünfftigen Grund hat, da die *Præfecti* nach obangezogener SchulOrdnung | meine, des *Cantoris* Stelle, weil ich zugleich in allen Kirchen nicht seyn kan, vertreten und *dirigiren* sollen, ich auch über das erste *Chor* die *Inspection* und Aufsicht insbesondere habe und also, mit wem ich mir auszukommen getraue, am besten wißen muß; hiernechst 2) des *Rectoris* an die Schüler gethanes Verboth, unter einem andern *Præfectô* nicht zu singen, höchst unbillig ist, in Betrachtung wenn die Schüler mir *ratione* des Singens die *Parition* nicht leisten sollen, unmöglich etwas fruchtbarliches ausgerichtet werden kan; ich dahero, damit dieses Beginnen nicht zur *Conseqvence* gereichen möge, mich | deßhalb zu *movir*en hohe Ursache habe;

Als werde Ew. *Magnif.* HochEdelg. u HochEhrwürdige Herrlichkeiten bey diesem Bedrängnüs anzugehen gemüßiget, und gelanget dahero an Dieselben mein gehorsamstes Bitten:

Bey meinem *Officio* mich zu schützen, und dahero dem Herrn *Rectori. M. Ernesti*, daß er mich in solchem ferner hin nicht beeinträchtigen, der Erwehlung derer *Præfectorum* ohne mein Wißen und Willen, wie auch eines Verboths gegen die Schul Knaben, mir bey dem Singen keine *parition* zu leisten, sich hinkünfftig enthalten solle, ernstlich | zu bedeuten, dem Herrn *Superintendenten*, oder einem der Herren Geistlichen bey der *Thomas* Kirche aber, sonder ungeziemende Maßgebung, daß sie die Schul Kinder zu dem, mir schuldigen *Respect* und Gehorsam wieder anweisen, und mich hierdurch mein Amt ferner zu verrichten, in dem Stand setzen sollen, gemäße Verordnung hochgeneigt zu ertheilen.

Wie ich mich nun in meinem billigen Suchen Dero Schutz und Hülffe getröste; also werde davor, wie allezeit mit allen *Respect* verharren,

Ew. *Magnif.* HochEdelg. HochEhrw.
und HochEdlen Herrlichkeiten

gehorsamster
Johann Sebastian Bach,
Compositeur von Königlicher
Maj. in Pohlen Hoff-Capelle,
u. *Dir: Chori Musici* allhier.

Leipzig
den 12. *Februar:*
1737.

Eingabe an die kirchliche Verwaltungsbehörde, den Präfektenstreit betreffend; fremdschriftlich, jedoch autograph unterzeichnet.

formiren: bilden; turbiren: stören; ratione: bezüglich; Parition: Gehorsam; zur Conseqvence gereichen: Nachwirkungen haben; moviren: einen Antrag stellen.

[Leipzig, 24.5.1738]

HochEdler etc.
Hochgeehrtester Herr Klemm etc.
Eu: HochEdlen werden nicht ungütig nehmen, daß Dero geehrteste Zuschrifft wegen Abwesenheit nicht ehe weder itzo beantworten können, weiln erstlich vor zwey Tagen von Dreßden *retourniret.* Mit was Schmerzen und Wehmuth aber diese Antwort abfaße, können Eu: HochEdlen von selbsten als ein Liebreich- und wohlmeynender Vater Dero liebsten EhePfänder beurtheilen. Meinen (leider mißrathenen) Sohn habe seit vorm Jahre, da die Ehre hatte von Eu: HochEdlen viele Höfligkeiten zu genießen, nicht mit einem Auge wieder gesehen. Eu: HochEdlen ist auch nicht unwißend, daß damahln vor selbigen nicht alleine den Tisch, sondern auch den Mühlhäuser Wechsel (so seinen Auszug vermuthlich damahlen *causire*te) richtig bezahlet, sondern auch noch einige *Ducaten* zu Tilgung einiger Schulden zurück ließ, in Meynung nunmehro ein ander *genus vitæ* zu ergreiffen. Ich muß aber mit äußerster Bestürtzung abermahligst vernehmen, daß er wieder hie und da aufgeborget, seine LebensArth nicht im geringsten geändert, sondern sich gar *absentiret* und mir nicht den geringsten *part* seines Aufenthalts biß *dato* wißend gemacht. Waß soll ich mehr sagen oder thun? Da keine Vermahnung, ja gar keine liebreiche Vorsorge und *assistence* mehr zureichen | will, so muß mein Creütz in Gedult tragen, meinen ungerathenen Sohn aber lediglich Göttlicher Barmhertzigkeit überlaßen, nicht zweiflend, Dieselbe werde mein wehmüthiges Flehen erhören, und endlich nach seinem heiligen Willen an selbigem arbeiten, daß er lerne erkennen, wie die Bekehrung einig und allein Göttlicher Güte zuzuschreiben. Da nun Eu: HochEdlen mich *expectoriret*, als habe das zuversichtliche Vertrauen, Dieselben werden die üble Aufführung meines Kindes nicht mir *imputiren*, sondern überzeüget seyn, daß ein getreüer Vater, dem seine Kinder ans Hertze gehen, alles suche zu bewerckstelligen, um Deroselben Wohl befördern zu helffen: Welches mich auch veranlaßet, bey damahliger Dero *vacance* Ihnen selbigen bestens zu empfehlen, in Hoffnung, die Sangerhäuser *civilisir*tere LebensArth u. die vornehmen Gönner würden Ihn gleichmäßig

zu anderer Aufführung bewegen, Derowegen auch nochmahlen gegen Eu: HochEdlen als dem Urheber seiner Beförderung hiemit meinen schuldigsten Danck abstatte, auch nicht zweifle, Eu: HochEdlen werden nur in so lange Eu: HochEdlen Rath suchen zu *disponiren* mit der gedroheten *mutation* zu verzögern, biß ausfündig zu machen ist, wo er sich aufhalte: (Gott ist mein | allwißender Zeüge, daß ihn seit vorm Jahre nicht wieder zu sehen bekommen:) Um zu vernehmen, was er gesonnen fernerhin zu thun? Zu bleiben, u. seine LebensArth zu ändern? oder sein *fortun* anderwerts zu suchen? Ich will nicht gerne, daß Eu: HochEdler Rath mit selbigem soll belastiget seyn, sondern nur noch so viel *patience* mir ausbitten, biß er wieder zum Vorscheine komme, oder man sonsten erfahren könne, wohin er sich gewendet. Da auch verschiedene *creditores* sich bey mir gemeldet, ich aber ohne meines Sohnes mündliche oder schrifftliche Geständniß zu derenselben Zahlung nicht wohl verstehen kan (wie in allen Rechten gegründet) als ersuche Eu: HochEdlen gantz dienstlich, daß Dieselben die Gütigkeit haben u. genaue Erkundigung seines Aufenthalts einziehen u. mir so dann sichere Nachricht zu ertheilen belieben mögen, um so dann die letzte Hand anzulegen, u. zu versuchen ob unter Göttlichem Beystand das verstockte Hertz gewonnen u. zur Erkändniß gebracht werden könne. Da Er auch bißhero das Glück gehabt bey Eu: HochEdlen zu *logieren*, als will mir zugleich ausbitten mich zu benachrichtigen, ob er seine wenige *meublen* mit genommen, oder was noch von denenselben vorhanden. In Erwartung baldigster Antwort, auch anwünschung vergnügterer *Ferien* weder ich haben werde, beharre nebst gehorsamsten Empfehl an Dero Frau Gemahlin

Eu. HochEdlen

Leipzig. den 24. May. gantz ergebenster Diener
1738. *Joh. Seb. Bach*

Herrn
Herrn Klemm
Eu: HochEdlen auch Hochweisen Raths
vornehmen Mitgliede; wie auch
best*renommir*ten Kauff- und Handelsmann in Sangerhausen

Francò.

Antwort auf ein Schreiben, das der Sangerhausener Kaufmann und Ratsherr Klemm an Bach geschickt hatte. Klemm, der zuletzt Bürgermeister war, starb 1767.
Nach Aufgabe seiner Organistenstelle in Sangerhausen hatte Johann Gottfried Bernhard Bach (vgl. S. 123 ff.) diesen Ort verlassen, wobei, wie es in einem Dokument vom 15.10.1738 heißt, »nicht einmal sein Vater in Leipzig der Capell Director nachricht zu geben [wußte], wo er hinkommen«.

retourniren: zurückkommen; genus vitae: Lebensart, Lebensweise; absentiren: sich entfernen; part: Teil; expectoriren: (seine Gefühle) aussprechen; imputiren: beschuldigen; vacance: freie Stelle; mutation: Änderung, Wandlung; creditor: Gläubiger; logieren: wohnen; meublen: Möbel.

AN FRAU KLEMM

[Leipzig, 26.5.1738]

WohlEdle.
Vielgeehrteste Frau Klemmin.
Dieselbe wird nicht ungütig deüten, daß auf Dero geneigte Zuschrifft zu der mir übersendeten Schuldforderung mich nicht so verstehen kan als Dieselbe wohl wünschen möchte; weiln vors erste nöthig, daß mir meines (leider ungerathenen Sohnes) eigenhändige schrifftliche Geständniß vorgezeiget werden muß, bevor zu einer *resolution* schreite, und so dann auch wißen muß, ob er noch nicht wieder nach Hause kommen, üm meine *messures* darnach nehmen zu können. Bey mir ist er seit meiner vorn Jahre geschehenen Sangerhäuser Reise nicht wieder gewesen, so mit Gott u. allen denen | meinigen bezeige. Solten Dieselbe nun in Erfahrung bringen, wo er sich aufhalte, und mir so dann sichere Nachricht davon ertheilen, würde solches nicht nur mit allem Dancke erkennen, sondern auch bemühet seyn Dieselbe schadloß zu halten. In erwartung baldigster Beantwortung beharre
Eu: WohlEdlen
Meiner vielgeehrtesten Frau Klemmin
Leipzig. den 26. *Maji* 1738.

ergebenster Diener
Joh: Seb: Bach.

A Madame
Madame Klemm,
Ma tres honore Femme
a Sangerhausen.

[Leipzig, Juli 1741]

HochEdler Herr,
Insonders Hochgeehrtester Herr *Consulent*
Obgleich in die unschäzbahre Gewogenheit Ew. HochEdlen ich niemals den geringsten Zweifel gesezet, so haben doch dieselben hochgeneigt geruhen wollen, lezthin eine abermahlige Probe hiervon an den Tag zulegen: ich u. mein sämtliches Haus erkennen solches mit dem verbundensten Danck, u. wünschen nur Gelegenheit, wodurch wir Ew. HochEdlen unsere DanckBegierde ebenfalls in der That bezeugen können. Den schönen Wildprets Braten haben wir indeßen auf die Gesundheit Ew. HochEdlen zwar verzehrt, hätten aber noch lieber gesehen, wenn solches in Dero angenehmen *compagnie* geschehen wäre; da aber unser Wunsch vor diesesmahl nicht erfüllet worden, so hoffen wir wenigstens in Zukunfft balde die Ehre zuhaben, Ew. HochEdlen in Leipzig bey uns zu sehen, der ich nebst gehorsamsten Empfehl an die Hochwertheste Frau Mamma mit geziemender Hochachtung allstets verharre
Ew. HochEdlen,
Meines insonders Hochgeehrtesten Herrn *Consulenten*
Leipzig gehorsamster Diener
am *Julius* J.S.B.
1741.

aMons
Mons. Jean Leberecht Schneider,
Consulent de la Chambre des Finances de Son Altesse Serenissime le Duc de Weissenfels etc. etc.
Weissenfels.

Dieser Briefentwurf wurde im Auftrag Johann Sebastian Bachs von Elias Bach verfaßt, der im Haus des Thomaskantors, wie auf S. 67 ausgeführt, als Sekretär arbeitete.
Die freundschaftlichen Beziehungen zwischen der Familie des in Weißenfels wohnhaften Kammer-Konsulenten Schneider (1645–1742) und dem Hause Bach werden durch den auf S. 62 f. abgedruckten Brief Anna Magdalena Bachs bestätigt.

AN HERRN MARTIUS

Leipzig 20 März 1748.

Her Martius

Jezo vergeth mir das Geduld. Wie Lange glauben sie wohl das ich mit dem *Clavesin* warten soll? Zwey Monathe sind schon vergangen und es steht noch immer beym nehmlichen. Es thut mir Leid sie so zu schreiben ich kan aber nicht anderes. Sie müsen es in ordnung bringen und das in 5 Tagen sonst werden wir nie Freunde.

Adieu *Joh: Sebast: Bach*

Von fremder Hand verfaßtes Schreiben an den in Leipzig in der Fleischergasse im *Goldenen Schiff* wohnenden Gastwirt, Hochzeits- und Leichenbitter Johann Georg Martius bzw. an dessen Sohn Johann Heinrich. Möglicherweise hatte Bach dem Herrn Martius das Clavecin anläßlich einer Hochzeitsfeier geliehen und Bach benötigte das Instrument am 25. März, dem Fest Mariä Verkündigung. An diesem Feiertag wurde auch innerhalb der Fastenzeit, die vom 3. März bis 7. April dauerte und in der man nicht musizierte, Figuralmusik dargeboten.

AN JOHANN ELIAS BACH

Leipzig. den 6. *Octobr* 1748.

Hoch-Wohl-Edler etc.
Hochgeehrter Herr Vetter

Ich werde wegen Kürtze der Zeit mit wenigem viel sagen, wenn so wohl zur gesegneten Wein-Lese als bald zu erwartendem Ehe Seegen Gottes Gnade v. Beystand herzlich *apprecire*. Mit dem verlangten *exemplar* der Preußischen *Fuge* kan voritzo nicht dienen, indem *justement* der Verlag heüte *consumir*et worden; (sindemahlen nur 100 habe abdrucken laßen, wovon die meisten an gute Freünde *gratis* verthan worden). Werde aber zwischen hier u. neüen Jahres Meße einige wieder abdrucken laßen; wenn denn der Herr Vetter noch gesonnen ein *exemplar* zu haben, dürffen Sie mir nur mit Gelegenheit nebst Einsendung eines Thalers davon *part* geben, so soll das verlangte erfolgen. Schließlich nochmahln bestens von uns allen *salutiret* beharre

Eu. HochWohlEdlen
ergebener
J. S. Bach.

P.S. Mein Sohn in Berlin hat nun schon 2 männliche Erben, der erste ist ohngefehr üm die Zeit gebohren, da wir leider! die Preußische *Invasion* hatten; der andere ist etwa 14 Tage alt.

A Monsieur
Monsieur J.E. Bach
Chanteur et Inspecteur
du Gymnase a Schweinfourth.

p l'occasion.

Zu J.S. Bachs Vetter Johann Elias Bach siehe auch S. 67ff. Mit dem »bald zu erwartenden Ehe Seegen« spielt Bach auf die Geburt eines Kindes im Hause des Elias an. Am 26.12.1748 wurde dessen Tochter Johanna Elisabetha getauft.
Das Exemplar der »Preußischen Fuge« enthielt sicherlich das gut ein Jahr zuvor entstandene *Musikalische Opfer* (BWV 1079) bzw. einen Teil daraus.
Der Sohn in Berlin ist Carl Philipp Emanuel. Dessen »2 männliche Erben« sind Johann August (1745–1789) und Johann Sebastian (1748–1778). Die »Preußische Invasion« Leipzigs dauerte vom 30. November 1745 bis zum 1. Januar 1746.

appreciren: erbitten; consumiren: verbrauchen, aufbrauchen; part: (Mit)teil(ung).

AN JOHANN ELIAS BACH

Leipzig. den 2. *Novembr.* 1748

HochEdler etc.
Hochgeehrter Herr Vetter.
Daß Sie nebst Frauen Liebsten sich noch wohl befinden, versichert mich Dero gestriges Tages erhaltene angenehme Zuschrifft, nebst mit geschickten kostbaren Fäßlein Mostes, wofür hiermit meinen schuldigen Danck abstatte. Es ist aber höchlich zu bedauren, daß das Fäßlein entweder durch die Erschütterung im Fuhrwerck, oder sonst Noth gelitten; weiln nach deßen Eröffnung und hiesigen Ohrtes gewöhnlicher *visirung*, es fast auf den 3ten Theil leer u. nach des *visitatoris* Angebung nicht mehr als 6 Kannen in sich gehalten hat; und also schade, daß von dieser edlen Gabe Gottes das geringste Tröpfflein hat sollen verschüttet werden. Wie nun zu erhaltenen reichen Seegen dem Herrn Vetter herzlichen

gratulire; als muß hingegen *pro nunc* mein Unvermögen bekennen, üm nicht im Stande zu seyn, mich *reellement revengiren* zu können. Jedoch *quod differtur | non auffertur*, und hoffe *occasion* zu bekommen in etwas meine Schuld abtragen zu können. Es ist freylich zu bedauren, daß die Entfernung unserer beyden Städte nicht erlaubet persöhnlichen Besuch einander abzustatten; Ich würde mir sonsten die Freyheit nehmen, den Herrn Vetter zu meiner Tochter Ließgen Ehren Tage, so künfftigen *Monat Januar.* 1749. mit dem neuen Organisten in *Naumburg*, Herrn Altnickol, vor sich gehen wird, dienstlich zu *invitiren*. Da aber schon gemeldete Entlegenheit, auch unbeqveme JahresZeit es wohl nicht erlauben dörffte den Herrn Vetter persöhnlich bey uns zu sehen; So will mir doch ausbitten, in Abwesenheit mit einem christlichen Wunsche ihnen zu *assistiren*, wormit mich denn dem Herrn Vetter bestens empfehle, und nebst schönster Begrüßung an Ihnen von uns allen beharre

Eu: HochEdlen
gantz ergebener treüer Vetter u. willigster Diener
Joh. Seb: Bach

P.S. M. Birnbaum ist bereits vor 6 Wochen beerdiget worden.

P. M. Ohnerachtet der Herr Vetter sich geneigt *offeriren*, fernerhin mit dergleichen *liqueur* zu *assistiren*; So muß doch wegen übermäßiger hiesigen Abgaben es *depreciren*; denn da die Fracht 16 gr. der Überbringer 2 gr. der *Visitator* 2 gr. die Land*accise* 5 gr. 3 ₰ u. *generalaccise* 3 gr. gekostet hat, als können der Herr Vetter selbsten ermeßen, daß mir jedes Maaß fast 5 gr. zu stehen kömt, welches denn vor ein Geschencke alzu kostbar ist. etc.

A Monsieur
Monsieur J. E. Bach
Chanteur et Inspecteur
des Gymnasiastes, de
la Ville Imperialle a Schweinfourth.

Franquè Coburg.

Johann Sebastian Bachs Tochter Elisabeth Juliane Friederica (1726–1781) heiratete den Naumburger Organisten Johann Christoph Altnickol (1719–1759) am 20. Januar 1749 in Leipzig.

visiren: nach etwas sehen, eichen, ausmessen; pro nunc: für jetzt; reellement revengiren: den Erwartungen entsprechend erkenntlich zeigen; quod differtur non auffertur ~ aufgeschoben heißt nicht aufgehoben; depreciren: ablehnen; accise: Steuer, Zoll.

AN GEORG FRIEDRICH EINICKE

[Leipzig, 10. 12. 1749]

Die schröterische Recension ist wohl abgefaßt, und nach meinem *gout*, wird auch nächstens gedruckt zum Vorschein kommen -- Herrn Matthesons Mithridat hat eine sehr starke Operation verursachet, wie mir glaubwürdig zugeschrieben worden. Sollten noch einige *Refutationes*, wie ich vermuthe, nachfolgen, so zweifle nicht, es werde des *Auctoris* Dreckohr gereiniget, und zur Anhörung der Musik geschickter gemacht werden.

Dieser Brief wurde ein halbes Jahr vor Bachs Tod geschrieben. Das Autograph ist nicht bekannt. Abdruck in: Johann Mattheson, *Sieben Gespräche der Weisheit und Musik samt zwo Beylagen*, Hamburg 1751, zwote Beylage, S. 183.
Georg Friedrich Einicke (1710–1770) war Kantor in Frankenhausen. Die Rezension des in Nordhausen tätigen Organisten Christoph Gottlieb Schröter (1699–1782) betraf ein am 12. Mai 1749 publiziertes Schulprogramm des Freiberger Schulleiters Johann Gottlieb Biedermann (1705–1772), in dem dieser die Ausübung der Musik in der Schule kritisierte. Die Rezension kam auf Veranlassung Bachs zustande.
Mit *Mithridat* ist die 1749 von Mattheson veröffentlichte Streitschrift *Mithridat wider den Gift einer welschen Satyre, genannt ›La Musica‹* gemeint. In der erwähnten zweiten Beilage der *Sieben Gespräche* merkte Mattheson zu Bachs Ausdruck »Dreckohr« an: »Gemeiner und geschmackloser Ausdruck; eines Kapellmeisters unwürdig; armselige Anspielung auf das Wort: Rektor.« (Originaltext französisch)

gout: Geschmack; Refutation: Widerlegung; Auctor: Autor, Verfasser.

AN GRAF WILHELM VON SCHAUMBURG-LIPPE

[Leipzig, 27. 12. 1749]

Hochgebohrner Reichs-Graf,
Gnädiger Graf und
Herr!
Ew. Hoch-Reichs-Gräflichen Gnaden erlauben gnädigst, daß meine Feder sich unter|windet, gegenwärtiges vor Dero hohe Augen zu legen, zumahl ich mich höchst verbunden erachte, vor das von Ew. Hoch-Reichs-Gräflichen Gnaden mir übersendete kostbare Andencken den unterthänigsten

Danck abzustatten. Da auch Ew. Hoch-Reichs-Gräfliche Gnaden hohes Verlangen getragen, eines meiner Kinder Dero hohen Gnade zu würdigen, und in Dero Diensten zu haben; Als übersende hiermit meinen Sohn, und wünsche, daß er im Stande seyn möge, Ew. Hoch-Reichs-Gräflichen Gnaden vollkommene | *Satisfaction* zu verschaffen. Übrigens bitte unterthänigst, so wohl mich als meinen Sohn Dero hohen Gnade ferner zu würdigen, der ich Zeitlebens seyn werde
Hochgebohrner Reichs-Graf,
Ew. Hoch-Reichs-Gräflichen
Gnaden

Leipzig den 27ten 10br
1749.

unterthänigst-gehorsamster
Knecht
Johann Sebastian Bach

A sa Haut Excellence
Illustrissime Monseigneur le Comte
Regnante de Schaumbourg Comte
et Noble Seigneur de la Lippe
à Bükebourg

Der Brief, der von unbekannter Hand geschrieben ist, wurde dem Sohn Johann Christoph Friedrich (siehe S. 127ff.) auf die Reise mitgegeben, als dieser Anfang 1750 »Cammer-Musicus« des in Bückeburg residierenden Grafen Wilhelm von Schaumburg-Lippe wurde.

AN GEORG FRIEDRICH EINICKE

[Leipzig, 26. 5. 1750]

An Hrn. Schrötern bitte mein Compliment zu machen, bis daß ich selber im Stande bin zu schreiben, da ich mich alsdenn, der Veränderung seiner Recension wegen, entschuldigen will, weil ich gar keine Schuld daran habe; sondern solche einzig demjenigen, der den Druck besorget hat, zu imputiren ist.

Autograph unbekannt. Abdruck in den oben genannten *Sieben Gesprächen* Matthesons. (Siehe S. 60)
Die »Veränderung« der Rezension betreffend, merkte Einicke an: »Einige Zeit hierauf überschickte der Hr. Kapellmeister Bach etliche gedruckte Exemplarien von besagter Recension; doch in solcher Gestalt, daß dieselbe dem Original des Hrn Schröters [...] im geringsten nicht mehr ähnlich sahe, sondern vieles theils hinzugethan, theils auch geändert worden war.«

Anna Magdalena Bach geb. Wilcke (1701–1760)

Die Tochter des Hoftrompeters Johann Caspar Wilcke aus Weißenfels heiratete am 3. Dezember 1721 Johann Sebastian Bach, nachdem dessen erste Frau Maria Barbara geb. Bach Anfang Juli 1720 gestorben war. Nach dem Tod ihres Mannes lebte sie in Leipzig als »Almosenfrau«.
Aus Johann Sebastians Bachs erster Ehe gingen folgende Kinder hervor:
Catharina Dorothea (1708–1774)
Wilhelm Friedemann (1710–1784), vgl. S. 81 ff. und Genealogie No. 45.
Carl Philipp Emanuel (1714–1788), vgl. S. 95 ff. und Genealogie No. 46.
Johann Gottfried Bernhard (1715–1739), vgl. S. 123 ff. und Genealogie No. 47.
Drei weitere Kinder starben sehr früh.
Der zweiten Ehe entsprangen:
Gottfried Heinrich (1724–1763), vgl. Genealogie No. 48.
Elisabeth Juliane Friederica (1726–1781)
Johann Christoph Friedrich (1732–1795), vgl. S. 127 ff. und Genealogie No. 49.
Johann Christian (1735–1782), vgl. S. 134 f. und Genealogie No. 50.
Johanna Carolina (1737–1781)
Regina Susanna (1742–1809)
Sieben Kinder starben in frühem Alter.

AN JOHANN LEBERECHT SCHNEIDER

[Leipzig, September 1741]

HochEdler Herr,
Hochgeehrtester Herr Cammer-Consulent
Hochgeschätzter Gönner,
Ew. HochEdl. Höchstgeehrte Zuschrift vom 8ten Sept. hat mit allem Rechte eine so starke Veränderung in meinem Gemüthe gewürcket, daß ich bey nahe, wo nicht gar die empfindlichsten Schmerzen des Leibes hierüber vergessen habe, indem Sie mir und meinem Hause in allen Zeilen die stärkste

Versicherung von Dero unschätzbahrer Gewogenheit zuertheilen und durch die expreße Gelegenheit solche zum Überfluß zu bekräfftigen hochgeneigt geruhen wollen. Wenn ich nun eine so gewünschte offerte mit Willen ausgeschlagen hätte, so wäre ich billig werth, daß man mir die besondere Neigung und so wohlgemeynte Vorsorge gänzlich entzöge. Denn das Vergnügen, so ich mir in dem geliebten Weißenfels mit Ew. HochEdlen u. meinen Angehörigen allemal zum Voraus versprechen darff, kömmt ohne dem bey mir mit andern erlaubten Ergözlichkeiten niemals in einige Vergleichung. Jedoch mein bißheriger u. fortwährender kräncklicher Zustand beraubet mich leider solcher vergnügten Stunden, u. das Einrathen der Meinigen will nicht gestatten, eine solche Reise vorzunehmen, wovon nach ihrer Meinung entweder eine merkliche Beßerung oder gänzlicher *ruin* meiner Gesundheit abhängen könnte. Es bleibt mir also nichts mehr übrig, als Ew. HochEdl. hierdurch nochmals gehorsamst zu bitten, daß man mir meinen Ungehorsam nicht ungütig nehmen und im üblen vermerken wolle. Es geschihet ia solches nicht aus Mangel der Hochachtung, welche dem ohngeachtet jederzeit gegen Ew. HochEdl. unverändert bleibet, sondern vielmehr aus Begierde meine Gesundheit zu menagieren, wozu uns die Geseze der Natur von selbsten verbinden. Wollten indeßen Ew. HochEdlen die wiederhohlte Bitte meines Liebsten, worzu denn auch die meinige seze, eine gütigste Statt finden laßen, u. unser Haus mit Dero Höchstgeehrt- u. gewünschten Gegenwart auf innenstehenden *Michaelis* Marckt Hochgeneigt beehren, so versichere, daß uns sämmtlich die größte Ehre u. Vergnügen hieraus erwachsen, u. wir ohne Zweifel schließen würden, Ew. Hoch-Edlen unverdienten Wohlwollens fernerweit gewürdiget zuwerden, unter welchen Wunsch u. Hoffnung ich denn mit geziemender Hochachtung nebst gehorsamsten Empfehl an Dero geliebteste Fr *Mamma* Zeit Lebens verharre

Ew. HochEdlen
Meines Hochgeehrtesten Herrn Cammer*Consulents,*
Hochgeschäzten Gönners

gehorsamstergebenste Magd
Maria Magdalena Bachin.

Konzeptniederschrift von der Hand des in Diensten des Thomaskantors stehenden Johann Elias Bach. Die Unterschrift müßte richtig lauten: Anna Magdalena Bachin.
Es handelt sich um die Antwort auf eine Einladung des Weißenfelser Kammer-Konsulenten Schneider vom 8. September 1741. Die freundschaftlichen Beziehungen zwischen beiden Häusern dürften damit zusammenhängen, daß Anna Magdalena ebenfalls aus Weißenfels stammt. Auch in dem auf S. 74f. abgedruckten Brief vom 5. 8. 1741 an Johann Sebastian Bach berichtet Johann Elias, die »liebwertheste Frau *Mamma*«, nämlich Anna Magdalena, sei »sehr unbaß«. Trotz ihrer Kränklichkeit überlebte Anna Magdalena ihren Gatten um 10 Jahre.

AN VERORDNETE DER UNIVERSITÄT LEIPZIG

[Leipzig, 17. 10. 1750]

Rector Magnifice,
Hochwürdige, Hoch-Edelgebohrne, Hoch-Rechts-gelahrte, Hocherfahrne, HochEdle,
auch Hochweise Herren
Hohe *Patron*en

Ew. *Magnificenz*, Hochwürdige und HochEdelgebohrne Herren geruhen gnädigst Sich in Unterthänigkeit vortragen zu laßen, was maßen am 28 *Julij a.c.* mein seeliger Mann, Nahmens | Johann Sebastian Bach, weyland *Cantor* an der Schule zu *St. Thomæ* allhier, verstorben und mir 5. unmündige Kinder hinterlaßen. Weiln nun einer Mutter, wenn solche selbst keinen *Tutorem* vor ihre Kinder vorzuschlagen weiß, oblieget, binnen gesetzter Zeit um Bestätigung eines *Tutoris* anzuhalten; Als gelanget an E. *Magnificenz*, Hochwürdige und HochEdelgebohrne Herren mein unterthänigstes Bitten, Dieselben wollen die Gnade haben und meinen unmündigen Kindern des nähesten einen *Tutorem* verordnen und bestätigen. | Wovor mit aller Hochachtung unausgesetzt seyn werde.

E. *Magnificenz,*
Hochwürdigen und HochEdelgebohrnen
auch Hochweisen Herren

Leipzig
den 17. *Octobr.*
1750.

unterthänig-gehorsamste
Anna Magdalena Bachin
Witwe

Denen *Magnificis*, Hochwürdigen, Hoch- und WohlEdlen, Vesten, Hoch- und Wohlgelahrten Herren, Herren *Rectori*, *Magistris* und *Doctoribus* der Hochlöblichen *Vniversitæt* Leipzig
Meinen hochgeehrtesten Herren.

AN VERORDNETE DER UNIVERSITÄT LEIPZIG

[Leipzig, 21. 10. 1750]

Rector Magnifice
Hochwürdige, HochEdelgebohrne, HochRechtsgelahrte, Hocherfahrne, HochEdle, auch Hochweise Herren,
Hohe *Patron*en!

Ew. *Magnificenz*, Hochwürdige und HochEdelgebohrne Herren werden Sich zu erinnern wißen, daß am 17ten *hujus* um Verordnung und Bestätigung eines *Tutoris* meiner Kinder unterthänigst | angehalten. Weil mich aber entschloßen, mit Verwilligung E. Hochlöblichen *Vniversitæt*, mit der Verzicht, nicht wieder zu heyrathen, die Vormundschaft meiner Kinder namentlich
Johann Christoph Friedrich Bach, alt 18. Jahr,
Johann Christian Bach alt 15. Jahr,
Johanna Carolina Bachin alt 12. Jahr,
Regina Susanna Bachin alt 9. Jahr
auf mich zu nehmen; Als ergehet an Dieselben mein Dienstergebenstes Bitten, | mich nicht nur zur Vormünderin besagter meiner Kinder gebührend zu *constituir*en, sondern auch wegen vorzunehmender Theilung der Verlaßenschaft meines seeligen Mannes Herrn Görnern, *Director Musices* E. Hochlöblichen *Vniversitæt* und *Organist* an der Kirche zu *St. Thomæ* allhier mir als *Con-Tutorem*, iedoch nur allein

zur Theilung, zu *adjungiren*. Womit in Unterthänigkeit verharre
Ew. *Magnificenz*,
Hochwürdigen und HochEdelgebohrnen Herren

Leipzig
den 21sten *Octobr.*
1750.

unterthänigste
Anna Magdalena Bachin
Witwe

Denen *Magnificis*, Hochwürdigen
Hoch- und WohlEdlen, Vesten,
Hoch- und Wohlgelahrten Herren,
Herren *Rectori*, *Magistris* und
Doctoribus der hochlöblichen *Vniversitæt* Leipzig
Meinen hochgeehrtesten Herren.

Die beiden Briefe an die Universität Leipzig sind nicht von Anna Magdalena Bach selbst geschrieben. Das Vormundschafts-Gesuch wurde mit dem zweiten Schreiben wieder zurückgenommen.
In einem Erbvergleich wurde später festgehalten, daß »der Herr Görner denen 4. Unmündigen, bloß zu Ausmachung des Vatertheils zum Vormunde bestätiget worden [...] die Frau Wittbe als Vormünderin gedachter 4. Unmündigen Kinder derselben erwehntes Vatertheil [...] von nur gedachten Herrn Vormunde so gleich zurück | erhalten, und in Empfang genommen«. (Abschrift des Erbvergleichs, 11.11.1750)

constituiren: bestimmen, verordnen; adjungiren: beiordnen.

Johann Elias Bach (1705–1755)

Nach dem Tod seines Vaters Johann Valentin (1669–1720) führte Johann Elias Bach (Genealogie No. 39) ein unruhiges Wanderleben. 1728 Studium der Theologie in Jena. Später in Leipzig, wo er vier Jahre Sekretär bei Johann Sebastian Bach und Erzieher bzw. Hauslehrer seiner Söhne war. Nach einer Hauslehrer-Tätigkeit in Zöschau wurde er 1743 Kantor und Alumnatsinspektor in seiner Heimatstadt Schweinfurt. 1743 war er darauf bedacht, daß »ein ehrliches Verbündnis, in das er sich mit einem Frauenzimmer aus Leipzig, nahmens Joh. Rosina Fritschin wohlbedächtig eingelassen, nunmehr durch priesterliche copulation seine völlige Richtigkeit erhält«. Seine Frau starb zwei Jahre später.
Ein autographer Band von Elias enthält auf 378 Seiten ungefähr 250 Konzepte für Briefe, die, 1738–42 geschrieben, größtenteils in Leipzig im Hause Johann Sebastian Bachs entstanden. Die nachfolgend zitierten Briefentwürfe und Auszüge daraus geben auch Einblicke in das Familienleben des Thomaskantors.
Elias Bachs Vater war ein Vetter von Johann Sebastian. Elias nennt letzteren in seinen Briefkonzepten (außer »Herr Capellmeister«) häufig »Herr Vetter«. Johann Sebastians zweite Frau Anna Magdalena wird »Frau Muhme« genannt.

AN DIE MUTTER ANNA MARGARETHA

[Leipzig, Ende April 1738]

Wenns angeht, so hätte auch gerne eine Flasche von rechten guten Hefen Brandewein vor meinen Herrn Vetter u. etliche Stücke *NB* gelbe Nelcken vor unsere Frau Muhme, welche eine große Liebhaberin von der Gärtnerey ist, ich weiß gewiß, ich würde eine große Freude damit machen, und mich desto mehr bey beyden *insinu*iren, weswegen ich nochmahls gar sehr darum bitte und verbleibe *vt supra*.

VERMUTLICH AN JOHANN WILHELM KOCH

[Leipzig, 10. 1. 1739]

So ist es auch an dem, daß mein Herr Vetter einige *Clavier* Sachen, die hauptsächlich vor die Herrn *Organis*ten gehören u. überaus gut *componi*rt sind, heraus wird geben, welche wohl auf kommende Oster Meße mögten fertig werden, u. bey die 80 Blatten ausmachen, kan der Herr Bruder etliche *Praenumeran*ten darzu verschaffen, so will er sie gegen Bezahlung annehmen, da alsdenn die andern ein mehreres werden zahlen müßen...
Ein ergebenstes *Compliment* von meinem Herrn Vetter u. sämtliche Angehörigen, u. *in specie* von mir, an dich u. dein werthgeschäztes Hauß, der ich Zeit Lebens bleibe etc. Leipzig am 10.ten *Jan.* 1739.

Ankündigung des zur Michaelismesse 1739 im Druck erschienenen 3. Teils der *Klavierübung* von Johann Sebastian Bach (vgl. auch S. 70), enthaltend *Präludium Es-Dur* (BWV 552/1), *Choralbearbeitungen* BWV 669–689), vier *Duette* (BWV 802–805), *Fuge Es-Dur* (BWV 552/2).
Johann Wilhelm Koch wurde am 31. Januar 1704 in Buttelstedt geboren. Er war 1720 Diskantist in Weimar, danach in Lübeck. 1725 studierte er in Jena. Seit 1741 Kantor in Ronneburg/Thüringen. Dort starb er am 8. November 1745. Koch, der zum Hause des Thomaskantors offenbar freundschaftliche Beziehungen unterhielt, war ein Stiefbruder des Elias Bach. Johann Sebastian Bach war Pate von Kochs Tochter Johanna Helena Sophia.

Praenumerant: im voraus zahlender Abnehmer; in specie: besonders.

AN JOHANN WILHELM KOCH

[Leipzig, 7. 3. 1739]

Ew. WohlEdlen soll von meinem Herrn Vetter u. *M.* Birnbaum ein ergebenstes *compliment* u. zugleich beygehenden *Tr.* übermachen, worbey man sich aber folgendes ausbittet: 1) daß er auf die innenstehende OsterMeße gewiß fertig ist. 2) daß er *correctt* gedruckt u. die *orthographie* ja wohl *observi*rt wird, zumahlen in den *nominibus substant.*, welche mit kleinen Buchstaben müßen gedruckt werden. 3) daß 200 *exemplaria* davon aufgelegt werden, worzu aber kein schlechtes sondern gut mittel Pappier muß genommen werden. 4) daß mit dem Buchdrucker soviel möglich genau gehandelt wird, worbey zur Nachricht dient, daß man sonsten vor einen Ballen 15 rthl. giebt, weil aber der Herr Buchdrucker wegen der wenigen *exemplari*en hierauf den *contract* nicht wohl mögte eingehen, so muß man nur gleich den Handel auf 200 Stück mit ihm machen, da denn bekannt, daß man vor einen Bogen nicht mehr, als 1 rthl. zugeben pflegt, welches denn, wenn das Werk auf 8 Bogen käme, 8 rthl. ausmachte, hingegen der Nachschuß kostet mehrentheils nur 8 gr., daß es sich also zusammen auf 10 rthl. 16. gr. beliefe. Doch kurz, das ganze Werk wird hiermit dem Herrn Bruder übergeben, u. man ist versichert, daß du die Sache nach Gelegenheit der Umstände nach deiner bekannten Gütigkeit u. *accuratesse* sehr wohl besorgen wirst, da alsdann auf erhaltene Nachricht die Zahlung sogleich folgen soll. Die Herrn *interessen*ten sind inzwischen dem Herrn Bruder *in antecessum* vielmahls *obligi*rt u. versichern, bey gegebener Gelegenheit mit vielem *plaisir* wieder zu dienen, u. auch ich werde nicht ermangeln mit aller Aufrichtigkeit Zeit Lebens zu seyn etc.

Leipz. Dienstverbundenster
am 7ten Merz
1739.

Der »beygehende Tr[actat]« war Johann Abraham Birnbaums *Vertheidigung seiner unparteyischen Anmerkungen.* Birnbaum (1702–1748) war Dozent für Rhetorik an der Universität in Leipzig. Er hatte seinen Aufsatz handschriftlich an Johann Sebastian Bach geschickt. Der Originaldruck ist unbekannt; ebenso welcher Buchdrucker von Koch beauftragt wurde. Nachdruck in: *Johann Adolph Scheibens, [...] Critischer MUSICUS.* Neue, vermehrte und verbesserte Auflage. Leipzig, bey Bernhard Christoph Breitkopf, 1745, S. 899–1031.
Birnbaums Schrift hat die Verteidigung von Bachs »unrechtmäßig verkleinerten Ruhm zum vornehmsten Gegenstande«. Sie ist eine Reaktion auf Angriffe Adolph Scheibes, die dieser am 14. Mai 1737 in dem von ihm herausgegebenen *Critischen MUSICUS* gegenüber Bach äußerte. (Vgl. S. 10).

observiren: Be(ob)achten; nomina substant(iva): Substantiva; in antecessum: im voraus; obligiren: (zu Dank) verpflichtet sein.

AN JOHANN WILHELM KOCH

[Leipzig, 28.9.1739]

Doch nein, da einmal die Rede von KindTauffen ist, so gehört auch hieher, daß mein Herr Vetter nebst ergebensten *compli-*

ment an den Herrn *Cantor* u. Frau *Cantorin* in Ronneburg schuldigsten Danck abstattet vor das überschickte Gevatter Stücke, welches auf Gesundheit derselben verzehret worden, er wünscht nicht mehr, als beqveme Gelegenheit zur bereitwilligsten *reuange*, u. bittet zugleich nicht übel zunehmen, daß er wegen überhäuffter Arbeit diesesmal nicht selbsten in einem Brieffchen sich bedancken können, indem er auf innenstehenden Freytag das *collegium Musicum* wieder anfangen u. in der ersten MeßWoche auf den Geburths Tag Ihro Königlichen Majestät eine *Music* auf führen wird, sie wird gewiß werth seyn, daß man sie anhört, u. wenn der Herr Bruder könnte abkommen, solte es ihm wohl nicht gereuen, einen *auditorem* abzugeben. Die ersten Schreiben | Ew. WohlEdlen anlangend, so melde in schuldigster Antwort, daß das zurückgeschickte Kirchen Stück nebst den 10 ggr. richtig erhalten, ingleichen daß nunmehro die in Kupffer gestochene Arbeit meines Herrn Vetters fertig u. das *exemplar à* 3 rthl. bey demselben zubekommen.

Am 14. September 1739 wurde in Ronneburg Johanna Helena Sophia getauft, die Tochter des Kantors Koch. Im Kirchenbuch wurde als Pate auch Johann Sebastian Bach eingetragen.
Bach hatte das *Schottische Collegium Musicum* in Leipzig seit dem Frühjahr 1729 geleitet. Vom Sommer 1737 bis August 1739 stand dem Studenten-Ensemble Carl Gotthelf Gerlach vor. Seit Oktober 1739 bis mindestens 1741, vielleicht bis um 1744, stand das *Collegium* wieder unter Leitung Johann Sebastian Bachs. Am 7. Oktober 1739 führte Bach mit dem *Collegium Musicum* in dem vor den Toren Leipzigs gelegenen *Zimmermannischen Caffee-Hause* anläßlich des Geburtstages »unsers allergnädigsten Lands-Herrns« Friedrich August II. eine »solenne Serenade« auf. Die Geburtstagskantate ist nicht erhalten.
»Die in Kupffer gestochene Arbeit« ist der 3. Teil von Bachs *Klavierübung*. (Vgl. S. 68)

reuange: vgl. revanchieren, sich erkenntlich zeigen; auditor: Zuhörer.

AN DIE SCHWESTER

[Leipzig, 5. 10. 1739]

Nächstdem aber will meine ehemahlige Bitte wegen des süßen Mostes jezo wiederhohlen, der liebe Gott wird euch heuer vermuthlich eine gute Weinlese geben, daher bitte ich dich, meine liebe Schwester, recht inständig, koche mir doch nur etwa 10 bis 12 Maas süßen Most ab u. schicke mir ihn durch den FuhrMann herein, indem unsern Herrn Vetter doch gar zu gerne einmal eine Freude machen mögte, da ich nun schon in die 2 Jahre in seinem Hause recht viel Gutthaten genoßen habe, nun ich will sehen, ob du nur noch einige Liebe zu mir, als deinem getreuen u. aufrichtigen Bruder hast oder nicht.

AN JOHANN WILHELM KOCH

[Leipzig, 31.5.1740]

Meine letzte Antwort... wird der Herr Bruder Hoffentlich bekommen u. daraus ersehen haben, wie willig sich die Leipziger noch immer zu deßen Diensten finden laßen, wo es anders die Möglichkeit zuläßet, die uns nun abermals *contrair* zu seyn scheinet. Ew. WohlEdlen wiederhohlte Zuschrifft vom 23ten May habe am 29. *ejusd.* Mittags um 11 Uhr erhalten, da wir nun nicht wißen können, ob die gedachte Raths Predigt vorbey oder nicht, so folget bey so zweiffelhafften Umständen hiermit das verlangte Stück, mit dem Wunsch, daß es der Herr Bruder gesund brauchen u. nach Gelegenh. selbsten wieder einhändigen möge, indem die Gose in Eiteritzsch anjezo von einer besondern Güte ist, u. vermuthlich die geseegnete Würkung haben möchte, auch die schlimmsten *Febricitan*ten glücklich zu *curi*ren. Der Herr *Capell*Meister, von dem u.s. ganzen Hause ich an das Hochwertheste Kochische Haus ein ergebenstes *compliment* | zu machen habe, hat den Herrn Bruder öffters hierbey erwehnet.

Möglicherweise handelt es sich bei dem von Koch »verlangten Stück« um eine von Johann Sebastian Bach komponierte Ratswechsel-Kantate.

contrair: entgegengesetzt, widrig; Gose: obergäriges Bier; Febricitant: Fieberkranker.

AN JOHANN GEORG HILLE

[Leipzig, Juni 1740]

Herrn *Cantor* Hille
in Glaucha
allernächst
bey Halle.

WohlEdler Herr,
Hochgeehrtester Herr *Cantor,*
Hochwerther Gönner,

Ich habe vor ein *par* Jahren die besondre Ehre gehabt, Ew. WohlEdlen in dem Hause meines Herrn Vetters, des Herrn

Capell Meisters Bachen persönlich kennen zu lernen, u. nunmehro wird mir auch die erwünschte Gelegenh. gegeben, Ew. WohlEdlen schrifftlich aufzuwarten. Es hat nemlich nur gedachter Herr *Capell*Meister, als er in vergangener Faste von Halle zurücke kam, unter dem vielen Guten seiner Frau Liebste auch dieses *referir*t, daß Ew. WohlEdlen einen Hänfling besäßen, welcher durch die geschickte Anweisung seines LehrMeisters sich besonders im Singen hören ließe; Weil nun meine Fr Muhme eine große Freundin von dergleichen Vögeln sind, als habe mich hierdurch erkundigen sollen, ob Ew. WohlEdlen diesen Sänger gegen billige Bezahlung an Sie zu überlaßen u. durch sichere Gelegenh. zuübersenden etwa möchten gesonnen seyn. | Ich kan gewiß versichern, daß die hierunter erwiesene Gefälligkeit außer der willigen Bezahlung nicht nur bey gegebener Gelegenheit möglichst wird erwidert, sondern daß ich *en particuliaire* mit vieler Hochachtung allstets seyn werde

Ew. WohlEdlen ganz ergebenster Diener

den *Jun.* 1740.

Wann genau Hille (1705–1744), der seit 1732 in Glaucha bei Halle Kantor war, das Haus des Thomaskantors besucht hatte, ist nicht bekannt.

AN DIE MUTTER ANNA MARGARETHA

[Leipzig, 23. 8. 1740]

Und noch eines: ich habe schon einsmal die liebe Mutter und Schwester gebeten, daß sie mir etliche Pflanzen von gelben Nelken vor unsere Frau Baase hier in Leipzig überschicken möchte, ich habe sie einmal versprochen und sie hat mich schon vielmals daran erinnert, welches auch nun vor etlichen Tagen geschah, es ginge ia wohl an, daß man sie in ein Schächtlein backte und dem Herrn Rößel auf innanstehender Messe mit hereingäbe, er wird sie gern mitnehmen, ich werde also sehen, ob es wird geschehen und ob ihr noch einige Liebe zu mir habt oder nicht.

AN HERRN VON MAYER

[Leipzig, 10.10.1740]

Ew. HochwohlEdl. habe zwey höchst geehrte Zuschrifften zu beantworten, aber auch mehr, als einen gedoppelten Danck gehorsamst zu sprechen, da dieselben meine unverschämte Bitte hochgeneigt stattfinden und mich oder vielmehr meine Frau Muhme mit 6 der schönsten Nelken Pflanzen zu beschenken geruhen wollen. Mit einer weitläufftigen Beschreibung von derjenigen Freude, die bei meiner nun gedachten Frau Muhme hierdurch gemacht worden, will Ew. HochwohlEdl. nicht beschwerlich fallen, sondern nur dieses gedenken, daß sie dieses unverdiente Geschenk höher schäzet, als die Kinder ihren Christ Beschehr, und also abwartet, wie man kleine Kinder zu warten pflegt, damit ja keines davon eingehen möge. Sie läßet auch ihren ehrendienstwilligen Danck | nach dem Frauenzimmer stilo zu reden | davor abstatten, und wünscht Gelegenheit, Ew. HochwohlEdl. ihre Danck Begierde in der That davor zu bezeugen. Doch dieses sub rosa, indem ich mit Ew. HochwohlEdl. gleiche Gedanken hege, und andere Leute eben nichts davon wissen müssen.

AN JOHANN WILHELM KOCH

[Leipzig 2.1.1741]

Ich muß aber zugleich von | Herzen bedauren, daß gegenwärtige Zeilen ganz *solo* an*marschi*rt kommen, indem ich von meinem Herrn Vetter u. deßen Haus ein ergebenstes *compliment* u. gegenseitigen Wunsch zu dem neuen Jahr an das Kochische Haus zumachen, u. in schuldigster Nachricht zuvermelden habe, daß der Herr Bruder das verlangte *Solo* zwar bekommen soll, es muß aber vorher ausgeschrieben werden, weil es etwas undeutlich geschrieben, inzwischen bittet sich mein Herr Vetter gleichfals aus, daß man sein Versprechen halten u. ihm absonderlich das *manuscript* von dem Herrn *Capell*Mstr Dresen überschicken möge (wenn es bald geschähe, könnte es nicht schaden), darinnen gezeigt soll werden, wie man mit 32 Stimmen rein *componi*ren kan.

Möglicherweise war das Manuskript des Kapellmeisters Dresen ein heute verschollener *Tractat von der Composition* des in Weimar und Arnstadt tätig gewesenen Kapellmeisters Adam Drese (gest. 15.2.1701 Arnstadt).

AN JOHANN WILHELM KOCH

[Leipzig, 28. 1. 1741]

... Denn auf das erste angenehme Schreiben welches mir ein Abläder brachte, wollte mit allem Fleiß nicht antworten, weil ich weder das verlangte *Basso Solo*, noch auch das *collegium Russian.* mitschicken konnte, zu ienen machte mir mein Herr Vetter Hoffnung, daß er es wollte ausschreiben laßen, allein da dieses bis *dato* nicht geschehen, kan den Herrn Bruder leider auch jezo noch nicht damit erfreuen, meinem Herrn Vetter kan ich es auch nicht verdencken, indem er die ausgeschriebene Stimmen einem *Bassist*en, Nahmens *Büchner* geliehen, der sie ihm noch nicht zurücke geschickt, die *partitur* aber will er nicht aus den Händen geben, weil er auf solche Art schon um viele Sachen gekommen ist, indeßen soll von demselben ein ergebenstes *compliment* machen, u. zugleich | die *communicir*ten *canones* mit allem Danck *remitti*ren, es soll nach seiner Außage keine Hexerey darbey seyn, u. hat er zu den großen eine Anmerkung geschrieben, sie sind auch durch Versehen des FuhrManns etwas naß geworden, indem es am selbigen Tage scharff regnete, welches der Herr Bruder nicht ungütig nehmen wird...

À propos wollte der Herr Bruder die Schreibe Gebühren von dem *Basso Solo à* 12 ggr. etwa tragen, so verspreche hiermit, daß ich darum will besorgt seyn, ich bitte mir aber vorher *ordre* davon aus...

Das »Basso Solo« war vielleicht an Johann Polykarp Büchner ausgeliehen worden. Er war nachweislich von 1727 bis zum 2. März 1737 Bassist am Hof zu Weißenfels.

communiciren: überlassen; canones: Kanons; remittiren: zurückschikken; À propos: übrigens.

AN JOHANN SEBASTIAN BACH

[Leipzig]
den 5. *Aug.*
1741.
nach Berlin.

HochEdelgebohrner Herr,
Hochgeehrtester Herr Vetter,
Über die gute Nachricht, welche Ew. HochEdelgeb. von Dero dermahligen Aufbefinden Ihrem geliebten Hause vor eini-

gen Tagen haben ertheilen wollen, freuen wir uns insgesamt von Herzen, und wünschen, daß wir Dieselben eben so vergnügt u. gesund wieder küßen mögen, als Sie sich dermahlen abwesend befinden: Das leztere wünschen wir deswegen balde erfüllet zu sehen, weil sich unsere liebwertheste Frau *Mamma* schon seither acht Tagen sehr unbaß befindet, u. man nicht weiß, ob etwa aus der hefftigen Wallung des Geblütes gar ein schleichendes Fieber, oder sonsten üble Folgerungen entstehen möchte, worzu noch dieses kömmt, daß Bartholomäi u. sodann die hiesige Rathswahl in wenig Wochen gefällig ist, da wir denn nicht wüßten, wie wir uns in Abwesenheit Ew. HochEdelgeb. deßfalls verhalten solten. Es schmerzet uns zwar allerdings, daß wir Dieselben durch sothane Nachricht in der iezigen Ruhe u. Zufriedenheit einiger | maßen stöhren müßen, weil aber dieses die unumgängliche Nothdurfft erfordert hat, haben wir das gute Vertrauen zu unsern *respective* Hochwerthesten Herrn *Papa* u. Herrn Vetter, daß Sie solches nicht in üblen vermerken werden. Es folget hierbey ein herzlicher Gruß von dem ganzen Hause an Ew. HochEdelgeb. u. an den iüngern Herrn Vetter, *in specie* aber von mir ein gehorsamster Empfehl, der ich mit aller ersinnlichen Hochachtung Zeit Lebens verharre
HochEdelgebohrner Herr
Ew. HochEdelgebohren

gehorsamster Diener
u. Vetter

a Mons.
Mons. Bach, Compositeur de la
Musique de Sa Maj. le Roi de Pologne
et Electeur de Saxes etc. etc.
pres. a Berlin.
abzugeben bey dem Herrn Hoffrath u.
D. Stahlen

Johann Sebstian Bach wohnte während seines Besuches in Berlin vermutlich bei dem Hofrat Dr. med. Georg Ernst Stahl d.J. (1713–1772). Stahl war Pate von Carl Philipp Emanuel Bachs Tochter Anna Carolina Philippina (Taufe 11.9.1747). Stahls Frau war Patin von Carl Philipp Emanuels Sohn Johann August (Taufe 10.12.1745).
Anläßlich des Ratswechsels fand immer am Montag nach Bartholomäi (24.8.) in der Leipziger Nikolaikirche ein Festgottesdienst statt, wobei Johann Sebastian Bach für die Musik zu sorgen hatte.

Wie aus dem auf S. 62f. abgedruckten Brief hervorgeht, dauerte Magdalenas kränklicher Zustand länger an, weswegen sie dann im September 1741 einen Besuch in Weißenfels absagen mußte. Als Symptom werden dort auch »die empfindlichsten Schmerzen des Leibes« genannt.

AN JOHANN SEBASTIAN BACH

[Leipzig]
An eben denselben
den 9. August
1741.

S. T.
Hochgeehrtester Herr Vetter,
Der Herr Vetter haben zu unser aller Beruhigung Dero Fr. Liebste eine abermahlige gute Nachricht u. zugleich den Tag Ihrer Abreise bestimmen wollen; allein so viel Vergnügen uns hieraus erwachsen, so viel Schmerzen empfinden wir gleichwohl über die zunehmende Schwachheit unserer Hochwerthesten Fr *Mamma*, indem dieselbe schon seither 14 Tagen nicht eine einzige Nacht nur eine Stunde Ruhe gehabt, u. weder sizen noch liegen kan, so gar, daß man mich in vergangener Nacht geruffen u. wir nicht anders meynten, wir würden sie zu unserm größten Leidwesen gar verliehren. Es dringet uns daher die äußerste Noth, solches in schuldigster Nachricht zu melden, damit dieselben Dero Reise *eventualiter* ohne Maaßgebung beschleunigen u. uns insgesamt durch Dero erwünschte Gegenwart erfreuen möchten, unter welchen Wunsch u. Herzlichen Gruß von dem ganzen Hause ich *en particulierement* mit geziemender Hochachtung u. Dienstgeflißenheit Zeit Lebens verharre etc. etc.

AN DEN KREISSTEUEREINNEHMER TEICHMANN

[Leipzig, 21. 10. 1741]

Aus meiner gegenwärtigen *condition* kan nach dem mit meinem Herrn Vetter gemachten *contract* nicht eher gehen, alß biß ich selbige ein Viertel Jahr vorher aufgekündiget, und das Stipendium, welches ohnlängst *ex patria* erhalten, will mir nicht gestatten, vor einem halben Jahr Leipzig zu verlaßen.

Johann Elias Bach hatte mit Johann Sebastian Bach einen Vertrag abgeschlossen, wonach er dessen Söhne Johann Christian (den späteren sogenannten Mailändischen oder englischen Bach), Johann Christoph Friedrich (den späteren sogenannten Bückeburger Bach) und den geistig behinderten Gottfried Heinrich zu unterrichten bzw. zu beaufsichtigen und bei J. S. Bach wie ein Sekretär zu arbeiten hatte. (Vgl. S. 67). Hierfür wurden ihm Kost und Logis im Hause des Thomaskantors geboten. Für sein Leipziger Theologie-Studium erhielt Johann Elias Stipendien vom Rat in Schweinfurt und von einem reichen Gönner.

condition: Stellung, Dienst; ex patria: »vom Vaterland«.

AN JOHANN ERNST BACH

[Leipzig, 9. 1. 1742]

Liebwerthester Herr Vetter,

Ihre letzte Zuschrifft durch Herrn Kühne giebt mir die gewisseste Versicherung, daß Sie theils vor mich theils aber vor die verflossenen Zeiten auch ein unvergeßliches Andenken hegen: und Sie können gewiß glauben, daß ich das Andenken an Sie fast täglich erneuere. Ich nehme daher mit allem Rechte den größten Antheil an Ihre iezigen und wie Sie sie selbst nennen, verdrießlichen Umstände, mit dem aufrichtigsten Wunsche, daß die Hoffnung beßerer Zeiten an Ihnen und an allen bedrängten Eisenachern zu einer baldigen Erfüllung möge ausschlagen. Ob ich nun gleich Ihre iezigen besonderen Umstände so genau nicht wissen kann, so halte doch vor nöthig und dienlich, wenn Sie sich die Einsamkeit eine Zeitlang gefallen ließen, um Ihrem alten ehrlichen Herrn Papa dadurch gefällig zu werden; denn wie mich der Herr Capellmeister versichert, so wirfft ia der Organisten Dienst bei der Stadt Eisenach so viel ab, daß ein ehrlicher Mann davon leben kann, gedenken Sie aber nicht allda zu verbleiben, so werden Sie sich nach Ihnen am besten bewußten Umständen darzu resolviren, wovon Ihr künftiges Glück einmal gewiß abhangen kann, und untersuchen, ob es zuträglicher sey, daß Sie sich zu Hause noch einsweilen brav exerciren, oder sogleich auf künfftigen Sommer nach Frankfurt oder Hamburg gehen, ich hielte aber das erstere fast vor dienlicher; nehmen Sie aber meinen unvorgreiflichen Rath nicht übel auf, weil er seinen Grund aus der unveränderlichen Liebe und Freundschaft gegen Sie herleitet. Mons. Agricola ist vor etwa einem Viertheil Jahr nach Berlin auf Einrath des dasigen Herrn Vetters gegangen und hat allda sein vollkommenes Conto mit informiren gefunden, wie wäre es denn, wenn Sie das gleiche thäten?

Denn in Berlin ist ia nunmehro das musicalische seculum angegangen, und ich glaube, man kann allda ungleich mehr profitiren, als an einem anderen Ort. Ich schreibe Ihnen aber dieses sub rosa und will hoffen, Sie werden sich nichts merken lassen.

Johann Ernst Bach (getauft 30. 1. 1722 Eisenach, begraben 3. 9. 1777 Eisenach), seit 3. September 1737 Schüler des Thomaskantorats Leipzig, wurde dort auch von seinem Paten Johann Sebastian Bach musikalisch unterrichtet. Als er seinen Urlaub überschritt, wurde er von der Schule verwiesen. Ein in Leipzig begonnenes Jurastudium mußte abgebrochen werden, um den im Briefkonzept erwähnten kränklichen »alten ehrlichen Herrn Papa« Johann Bernhard Bach (1676–1749), einen Vetter Johann Sebastian Bachs, als Organist der Georgenkirche in Eisenach zu vertreten. Nach dessen Tod wurde diese Organistenstelle Ernst Bach übertragen. Seit 1756 war er Kapellmeister der fürstlichen Hofkapelle in Weimar. (Vgl. Genealogie No. 34.)
Mit den »verflossenen Jahren« erinnert sich Elias wohl Ernsts Aufenthalt in Leipzig.
Johann Friedrich Agricola (1720–1774), Hofkomponist und Leiter der königlichen Kapelle Berlin, war ein Kollege »des dasigen Herrn Vetters« Carl Philipp Emanuel Bach.

exerciren: üben; sein Conto finden ~ sein Auskommen finden; informiren: unterrichten; seculum: Jahrhundert; sub rosa: unter dem Siegel der Verschwiegenheit.

AN MAGISTER PERSIGK

[Leipzig, 25. 1. 1742]

Ich wollte Ihnen auch gerne weitläufftige Nachricht von dem gewesenen Conr. Dreßig erteilen, allein man weiß nicht eigentlich, was ihn zu dieser Judas That mag verleitet haben. Man gibt e.g. zur Ursache an, daß er bißher unterschiedene Körbe von gewissen Frauenzimmern davon getragen, daß er viele Schulden gemacht etc. aber die wahre Ursache mag wohl seyn, daß er seinen Gott verlassen, sintemal man sagt, er habe vielmals von der religion gar spöttisch gesprochen. Er hat sich in dem Zwinger sogleich hinter der Pastor Wohnung an dem Wagnerischen Garten an einer Krause gehangen, und ein Ende genommen mit Schrecken. Es ist indessen allerdings ein merkwürdiges Exempel, welches ganz Leipzig in Erstaunen gesezet, und uns erinnert, daß wir die 6te Bitte desto fleißiger und andächtiger beten.

Siegmund Friedrich Dreßig (Dresig, Dresick), 1703 in Vorberg/Niederlausitz geboren, war während Johann Sebastian Bachs Amtszeit (seit 16.11.1734) Konrektor der Thomasschule Leipzig. Am 11. Januar 1742 nahm er sich in Leipzig das Leben.

AN DIE SCHWESTER

[Leipzig, 22.2.1742]

Ich habe nähmlich meinem Herrn Vetter schon vor etlichen Wochen die Dienste aufgekündiget, er hat mich aber inständig gebethen, ich möchte solches nicht thun ich hätte ia keine Noth bey ihm unter der Versicherung, | daß der liebe Gott schon noch vor mich in Sachsen sorgen würde. Allein ich werde mich daran nicht kehren, sondern wenn unsere Theilung solte zu Stande seyn, so möchte mich doch wohl lieber wieder in mein Vaterland begeben, u. allda die Hülffe meines Gottes erwarten.

AN HERRN VON MAYER

[Leipzig, 18.4.1742]

... daß ich alle ersinnliche Mühe, aber leider nochmals vergebens, angewendet habe, diese Meße in mein geliebtes Vaterland zurücke zugehen. Hätte ich dergleichen vorgegangene Veränderung ein Monath vor Ostern gewußt, gewiß ich würde mich nichts haben laßen abhalten, als Gottes Gewalt, indem ohngefehr 6 Wochen vor Ostern meinem Herrn Vetter die Dienste gebührend aufgekündiget u. gänzlich | Willens war, auf Ostern Ew.HochEdlen meinen persönlichen *respect* zu machen, allein wider meine *intention* habe ich mich wieder eines andern von meinem nur gedachten Herrn Vetter überreden laßen.

AN JOHANN SEBASTIAN BACH

Zöschau den
7ten *Nov.* 1742
Herrn Vetter in
Leipzig.

P.P.

Ew. HochEdelgebohren soll hierdurch in schuldigster Nachr. vermelden, daß die Güte meines Gottes mich am 2ten *huj.* glücklich nach Zöschau gebracht u. mir hieselbst eine so gnädige Herrschaft gegeben hat, daß ich schon manche Gnade geziemend *depreci*ren müßen, indeßen kann meinem Hochgeehrtesten Herrn Vetter doch vor gewiß versichern, daß des vielen Guten, welches in Dero Hause etliche Jahre genoßen, hierüber nicht vergeßen, sondern mich deßen vielmehr mit dankbahrem Gemüthe allezeit erinnern u. wo möglich in der That dankbar dafür erweisen werde: u. zu dem Ende will ich auch nicht ablaßen, den Allerhöchsten täglich vor die Wohlfahrt Dero sämtlichen Hochgeschäzten Hauses in warmer Fürbitte anzuflehen, u. besonders um eine dauerhaffte Gesundheit vor Ew. HochEdelgebohren | inbrünstig zu bitten; dermalen aber sende den gütigst *communici*rten *Roquelaur* u. Belz Stiefeln mit vielem Dank zurücke, durch welche mir auf meiner Reise viele Güte geschehen, ob sie gleich weder Regen noch sonsten einiger Schade betroffen hat, [mir] der ich nebst meinem gehorsamsten u. ergebensten Empfehl an die Hochwehrtgeschäzte Fr. u. Jungfer Muhmen, wie auch meine liebe Vettern Zeit Lebens mit geziemender Hochachtung verharre

etc. etc. gehorsamster Diener u. Vetter

Elias hatte Leipzig im Oktober 1742 verlassen und Anfang November eine Stelle als Hauslehrer bei dem Kriegskommissarius von Pflug in Zöschau bei Oschatz/Sa. angetreten.
Vorliegender Brief und die Reisekleidung wurden Johann Sebastian Bach durch den Kaufmann Johann Friedrich Schillbach (Leipzig) überbracht.

depreciren: ablehnen; Roquelaur: Regenmantel; Belz Stiefel: Pelzstiefel.

Wilhelm Friedemann Bach (1710–1784)

»Bach (Wilhelm Friedemann) auch der Hallische, ältester Sohn des unsterblichen Joh. Sebastian, zuletzt Hessen-Darmstädtischer Kapellmeister, geboren zu Weimar 1710; machte sich früh unter der Anleitung seines Vaters, sowohl im Klavier- und Orgelspielen, als auch in der Komposition, desselben würdig, und setzte [1726/27] zu diesem noch den Unterricht des damaligen Merseburgischen, nachher Berlinischen Conzertmeisters Graun auf der Violin. Mit gleichem Fleiße trieb er die übrigen Wissenschaften auf der Thomasschule, und dann die Rechte, und besonders die [Mathematik], auf der Akademie zu Leipzig. 1733 erhielt er den Ruf nach Dresden zum Organisten an der Sophienkirche. [...] [1746] wurde er als Musikdirektor und Organist an die Marienkirche nach Halle versetzt, verließ aber diesen Dienst [1764] [...] Zuletzt wandte er sich nach Berlin, wo er die letzten Jahre seines Lebens, zwar mit dem Kapellmeistertitel, aber immer Dienstlos, zugebracht hat, bis er daselbst den 1. Juli 1784 an einer völligen Entkräftung starb.«
(Aus: Ernst Ludwig Gerber, Historisch-Biographisches Lexicon der Tonkünstler. *Teil I, Leipzig 1790).*
Bei Wilhelm Friedemann Bachs Werken überwiegen Instrumentalkompositionen: ungefähr 60 Klavier- und Orgelwerke, Cembalokonzerte, Sinfonien, Kammermusik. Außerdem Kirchen- und Kammerkantaten, Meßsätze, Arien u.a.
(Genealogie No. 45.)

AN DEN RAT DER STADT DRESDEN

[Leipzig, 7.6.1733]

Magnifice etc.
HochEdelgebohrne, Hoch und WohlEdle,
Hoch und Wohlgelahrte, auch
Hoch und Wohlweise Herren
Hochgeneigteste Gönner.
Eu: HochEdelgebohrnen Herrligkeiten sonderbare Güte und Sorgfalt, mit welcher Dieselben jedermann, so nur Dero hülffliche Hand verlangen, zu gethan, kan voritzo genug seyn

Wilhelm Friedemann Bach.
Meininger Pastell, um 1733

mich in meiner Hoffnung zu unterstützen; Maßen überdieß Eu: *Magnificence* und HochEdelgebohrnen Herrligkeiten angebohrne Leütseeligkeit mich fast zwingen solte zu glauben, es werde auch vor dießmahl meine unterthänige Bitte einiger maßen statt finden.

Es wird nemlich Eu: *Magnificence* und HochEdelgebohrnen Herrligkeiten nicht unbewust seyn, was maßen der Herr Pezold, gewesener Organist bey der *Sophien*-Kirche, dieses Zeitliche gesegnet, und also deßen *vacante Station* mit einem *subjecto* wieder zu ersetzen; Wenn demnach bey Eu: *Magnificence* und HochEdelgebohrnen Herrligkeiten als einen *competen*ten mich gehorsamst melden wolte (obgleich Derer kein Mangel seyn dörffte;) Als ergehet an Eu: *Magnificence* und HochEdelgebohrne Herrligkeiten meine unterthänige Bitte, daß Dieselben gnädig geruhen wollen bey dieser *vacance* meine Wenigkeit in hohe *consideration* zu ziehen, und nebst andern *competen*ten mich zur *probe* gnädig zu *admittiren*. Vor diese hohe Gnade verharre Zeit Lebens in *devote*sten *respect*

Eu: *Magnificence* und
HochEdelgebohrnen Herrligkeiten

Leipzig. den 7. *Junij.*
anno 1733.

gantz unterthänig-
gehorsamster Diener
Willhelm Friedeman Bach.

Denen Hoch- und WohlEdlen,
Vesten, Großachtbaren, Hoch-
und Wohlgelahrten auch hoch-
und Wohlweisen Herren, Herren
Bürgermeistern und Rathe der
Stadt Dreßden.
Meinen Hochgeehrtesten Herren
Dreßden.

Bewerbungsschreiben für die nach dem Tod Christian Petzolds (1677–1733) vakant gewordene Organistenstelle der Sophienkirche in Dresden. Schreiben und Unterschrift sind offensichtlich von der Hand des Vaters Johann Sebastian.

Die Stelle wurde Friedemann am 23. Juni 1733 durch Wahl zugesprochen.

vacante Station: offene Stelle; competent: Mitbewerber; consideration: Betrachtung, Berücksichtigung; admittiren: zulassen.

[Leipzig, 7. 6. 1733]

HochEdelgebohrner, Vest und
Hochgelahrter Herr *Appellation*-
Rath
Hochgeneigtester Gönner.

Solte wohl die allzugroße Kühnheit, vermöge welcher ich mich unterfange gegenwärtiges an Eu: *Excellence* abgehen zu laßen, zu *pardoniren* seyn? Maßen ja nur zurücke dencken sollen, mit wie viel Verrichtungen Eu: HochEdelgebohrne *Excellence* überhäuffet, und es also fast unverantwortlich schiene Eu: *Excellence* davon abzuziehen; Jedoch solte meynen, daß insonderheit vor *Clienten*, (worunter ich nicht der letzte), der Zugang zu Eu: HochEdelgebohrnen *Excellence* sich iederzeit geöffnet fände. Es kan nemblich | Eu: HochEdelgebohrnen *Excellence* nicht unbekand seyn, was maßen der Herr Pezold, gewesener Organist bey der *Sophien*-Kirche das Zeitliche mit dem Ewigen verwechselt, und also deßen *station* vermuthlig noch *vacant*. Weiln dann bey Eu: HochEdlen und Hochweisen Rath als einen *competenten* durch ein *memorial* mich unterthänig gemeldet; Als ergehet an Eu: *Excellence* mein gleichmäßig unterthäniges Bitten, daß Dieselben gnädig geruhen wollen, Dero hohes *Patrocinium* meiner Wenigkeit gnädig angedeyen zu laßen. Wenn dann an gnädiger Aufnahme dieses meines unterthänigen *Petiti* nicht zweifle, üm so mehr werde bemühet seyn Zeit Lebens mich zu bezeigen als

Eu: HochEdelgebohrnen *Excellence*

Leipzig. den 7. *Junij* 1733.

unterthänig-gehorsamen Knecht
Willhelm Friedeman Bach

A Son Excellence
Monsieur Schröter
Conseiller des Appellations
de S. A. Royalle Monseigneur
l'Electeur de Saxe et Syndic
de le Magistrat de la Residence a Dresde.

Bitte an den in Dresden ansässigen Appellationsrat und Syndikus Dr. Schröter (gest. 1745), die Bewerbung um die Organistenstelle an der Sophienkirche zu unterstützen.
Auch dieser Brief trägt die Schriftzüge Johann Sebastian Bachs.

pardoniren: entschuldigen; Client: Auftraggeber, Kunde; memorial: Eingabe, Bittschrift; Patrocinium: Schutz; Petitum: Gesuch.

AN DEN RAT DER STADT DRESDEN

[Dresden, 1.8.1733]

Hoch und Wohledle, Veste, Hoch und Großachtbahre, Hoch und Wohlgelahrte, auch Hoch und Wohlweise, Hochgeehrteste Herren,
Ew. Hoch- und Wohl Edle Herrl. dancke ich unter dienstl., daß dieselben bey Ersezung des durch H. Pezolds Absterben vacant gewordenen Organisten Dienstes auf meine geringe Person gütigst zu reflectiren, und mich darzu zu verordnen geruhen wollen, ich werde nicht ermangeln, meine Devoir so zu bezeigen, daß dadurch Gottes Ehre befördert, auch dieselben nicht bereuen werden, mich dieser Function gewürdiget zu haben. Ich habe aber bey Vorgenommenen Stimmung der Orgel ersehen, daß die Register, welche solcher beständig zu gebrauchen, alle in der Höhe stehen, mit folglich von mir allein ohnmöglich gestimmet werden können, sondern jedesmahl eine besondere Person ohne den Calcanten darzu gezogen werden muß, darzu von dem verstorbenen H. Pezolden der Orgel Bauer H. Schramm gebrauchet worden. Nachdem aber diesen nicht zu gemuthet werden kann, dergleichen fernerhin ohne einige Ergötzlichkeit zu verrichten; die mit diesem Dienste verbundene Besoldung nicht zulänglich davon etwas abzugeben, hiernächst dem Wercke selbst vortheilhaft sein will, wenn zu der Stimmung ein besonderer Orgel Bauer gezogen wird, welcher das Pfeiffen-Werck, Tracturen und übrige intestina in guten Stande zu erhalten bemühet sein muß, auch oftmahls einer kostbaren Reparatur mit einer Kleinigkeit vorkommen kan; Als habe Ew. Hoch und Hoch Edl: Herrl. solches hierdurch gehorsamst vorzutragen mich gemüßigt funden, mit ganz Dienstlicher Bitte, Sie wollen, weil besagter H. Schramm vor die wöchentl. Bemühung, welche auch bey denen in der Woche einfallenden Festtagen geschiehet, ein sehr weniges und 6 bis 7 R verlangen möchte, diesen

Vorschlag sich gütigst gefallen laßen, und besagten Schrammen, oder wem Sie sonst dazu geschickt finden, die Stimmung der Sophien Orgel aufzutragen gelieben. Ich meines Orts werde diese Deferirung meines Suchens bey aller Gelegenheit zu demeriren, befließen seyn, in unausgesezter Verehrung verharrende,

Ew. Hoch und Wohl Edlen, Herrl.

Dreßden, d. 1. Aug. 1733. gehorsamster Diener

Wilhelm Friedmann Bach.

Nicht eigenhändiger Dank für die Zuerkennung des Organistenamtes in Dresden und Bitte um Entlohnung eines Gehilfen, der die Orgel stimmt. Die Behörde zahlte an Schramm künftig 6 Gulden im Jahr.

Es ist nicht ausgeschlossen, daß Johann Sebastian Bach den Brief formuliert hat. Er hatte am 27. Juli 1733 in Dresden dem sächsischen Kurfürsten Friedrich August II. (1696–1763) einen Stimmensatz des Kyrie und Gloria der sogenannten *h-Moll-Messe* (BWV 232) überreicht. (Vgl. S. 42f.) Vielleicht hielt sich Johann Sebastian zum Zeitpunkt der Abfassung des Briefes noch in Dresden auf.

Calcant: Blasebalgtreter an einer Orgel; intestina: »Eingeweide«; Deferirung: Bewilligung; demeriren: sich Verdienste erwerben.

AN DEN RAT DER STADT DRESDEN

[Dresden, 16.4.1746]

Denen Hoch und Wohl Edlen Vesten, Hoch- und Großachtbaren, Rechts- Hoch- und Wohlgelahrten auch Hoch und Wohl Weisen Herren, Herren Bürgermeistern und Rathe der Königl. u. Pohln. und Kurfürstl. Sächsischen Residenz-Stadt und Vestung Dreßden

Meinen Hochgeehrtesten Herren und Patronis.

Hoch und Wohl Edle, Veste, Hoch und Groß Achtbare, Hoch und Rechts Wohlgelahrte, auch Hoch und Wohl Weise Hochgeehrteste Herren und Patroni,

Ich bin verbunden, Deroselben gehorsamst zu melden, daß meine Verbesserung außerhalb Dreßden gefunden, und den anderweit verlangten Dienst zu Pfingsten anzutreten mich anheischig gemachet. Nachdem nun Ew. Hoch u. Wohl Edel. meinen Zeitherigen Dienst vor meinen Abtritt wieder zu ersezen sich resolviren möchten; So unterstehe mich zugleich, ein anderes Subjectum in Vorschlag zu bringen. Es ist ein Studiosus aus Leipzig, Hr. Altnicol, welcher bey meinem Vater das Clavier und zugleich die Composition gelernt. Wenn nun Dieselben auf ihn gütigst zu reflectiren und eine Probe spielen zu lassen belieben wolten; So zweifle ich nicht, er werde seine Geschicklichkeit auf der Orgel dergestalt zeigen, daß Deroselben meine Recommendation nicht gänzlich mißfallen werde. Hiernechst habe zu Ew. Hoch und Wohl Edl. auch Hoch und Wohlgeb. Herrn das zuversichtl. Vertrauen, Sie werden mir so lange, als den iezigen Dienst versehe, und biß zu Ende dieses Quartals die davon abhangende Emolumenta und Besoldung zu reichen, Hochgütigst geruhen, gestalt ich denn, wenn auch ein paar Sonntage nach meinem Abzuge versäumen müßte, eine solche Persohn zu bestellen schuldig bin, welche die Orgel immittelst versehen kan. Indessen dancke ich gehorsamst vor die mir Zeithero erzeigte Propension und Wohlgewogenheit, wünsche, der Allerhöchste wolle Dero Regiment mit allen Seegen begnadigen, auch Ihre Hochgeehrteste Personen und Wehrtesten Famillien mit langen Leben beglücken, ich aber empfehle mich zu fernern Wohlwollen, und verharre in schuldigster Devotion

Ew. Hoch und Wohl Edl. auch
Hoch und Wohlw. Herrn
gehorsamster
Wilhelm Friedemann Bach,
Organist zu St. Sophie.

Dresden,
am 16. April 1746.

Nur die Unterschrift dieses Briefes ist autograph.
Einem Zeugnis Johann Sebastian Bachs zufolge hat Johann Christoph Altnickol (1719–1759) dem *Choro Musico* der Thomasschule in Leipzig zwischen 1745 und 1747 »unausgesetzt assistiret, indem er bald als Violiste, bald als Violoncelliste, meistens aber als Vocal-Bassiste sich exhibiret«. 1746 bewarb er sich ohne Erfolg um die Nachfolge der vakant gewordenen Organistenstelle Friedemanns. Altnickol heiratete am 20. Januar 1749 Johann Sebastian Bachs Tochter Juliane Friederica.
Die Besoldung für das laufende Quartal wurde Friedemann wunschgemäß zuerkannt.

Emolumentum: Nebeneinnahme; Propension ~ Zuneigung.

[Halle, 1. 12. 1749]

Hoch Edelgebohrner
Hoch geEhrtester Herr,

Der Herr *Concert* Meister Graun, den ich als meinen ehemahliegen Meister auf der *Violine* noch jetzo *vene[r]iere,* hat auf Ew: HochEdelgebohren Ordre mit zuziehung meines Vaters in Leipzig einen tüchtigen Meister Nahmens *Cuntium* von hieraus zu einem neuen Orgel-Bau in Vorschlag bringen müßen. Ohngeachtet nun die Sache verschiedene mahl sehr *pressant* gemacht worden, so ist gleichwohl die letzte *Absolution* zu einer Abreise von hier ausgeblieben. Ich habe also *per Commission* bei Ew: HochEdelgebohren anzufragen, ob wie zu vermuthen, ein andres *resolviert* worden? wann dem also, so habe nur, melden sollen, daß erwehnter Herr *Cuntius*, so beständig wegen seiner Geschickligkeit mit vieler Arbeit überhäuft, gleich, wohl auf meines Vaters Schreiben, so sich selbst über die gegebene und hernach ins Stocken gerathene *Commission* oft genug verwundern können, eine Reise nach Leipzig thun und folglich alle Arbeit indeß damahln bei Seit legen müßen, um wegen der neuen Orgel genauere Abrede zu nehmen, ihr Gutachten, Einrichtung und zu forderndes Preißes einander zu *comuniciren*, wie auch die von dem Frankfurther *Organist* nach Leipzig übermachte zwar sehr ungeschickt abgefaßte *Disposition* der neuen Orgel zu *reflectieren*…

Dieser vermutlich an den Hofrat Thering (gest. 1751) in Frankfurt an der Oder gerichtete Brief ist nur in einer Abschrift erhalten.
Friedemann hatte 1726/27 bei Johann Gottlieb Graun (1702 oder 1703–1771) Violinunterricht erhalten. Graun war später Kollege Philipp Emanuel Bachs in Berlin. (Vgl. S. 97)
Der seit 1736/37 in Halle und Umgebung tätige Orgelbauer Heinrich Andreas Contius (Cuntius) war ein Sohn des Hallenser Orgelbauers Christoph Contius (Cuncius). Die im Brief genannte Orgel sollte in der Unterkirche in Frankfurt an der Oder gebaut werden. Der Neubau wurde jedoch 1754 von dem Orgelbauer Damm (Thamm) erstellt.

venerieren: verehren; pressant: eilig; Absolution: Freisprechung; per Commission: im Auftrag; resolvieren: entscheiden; comuniciren: überlassen; Disposition: Anzahl und Art der Register; reflectieren: erwägen.

AN DAS KIRCHEN-KOLLEGIUM DER MARIENKIRCHE IN HALLE

[Halle, 20.10.1761]

Hoch Wohl Geborne, Hochedel Geborne, | Hochgelahrte Herrn, |
Insonders Hochzuverehrende Herrn | Vornehme Gönner.

Ew. Hoch Wohl- und Hochedel-Geb. habe ich hierdurch melden wollen, daß ich im vorigen sowohl als auch diesem Jahre bey den ausgeschriebenen Contributionen als Bürger betrachtet wurde, und die mir in dieser Absicht zuerkannten Gelder bey Strafe militairischer Execution würklich erlegen muste. Da ich mich nun gegen dergleigen verdrießliche Vorfälle nicht in Sicherheit stellen kann, wofern Ew. Hoch Wohl- und Hochedelgeb. nicht desfalls die gehörige Verfügung machen (zumahl ich in Ansehung meiner Frau einmahl zugehörigen Immobilium immer leyden muß und dieserwegen als Bürger angesehen werde), so ergehet an Ew. Hoch Wohl- und Hochedelgeb. hiermit meine gehorsamste Bitte, es so einzurichten, daß ich in's künftige bey den Contributionen als Kirchen-Bedienter angesehen werde, und als solcher nicht mehr zu conferiren brauche. Ich nehme mir zu gleicher Zeit die Freyheit, Ew. Hoch Wohl- und Hochedelgeb. um Zulage meines Gehalts gehorsamst zu ersuchen.

Schon bey Antritt meines Amts gab mir der verstorbene Herr Präsident Schäfer im Namen eines Wohllöblichen Kirchen-Collegii die Versicherung, wenn sich irgend die Kirchen-Umstände verbesserten, darauf bedacht zu seyn. Diese mir seit 15 Jahren gegebene Versicherung sammt den itzigen sehr schlechten Zeiten und der täglich zunehmenden Theuerung bewegen mich jetzt, Ew. Hoch Wohl und Hochedel-Geb. deshalb gehorsamst anzugehen.

In Erwartung einer günstigen Antwort habe ich die Ehre zu seyn

Hoch Wohl Geborne Hochedel Geborne | Hochgelahrte Herrn, |
Insonders Hochzuverehrende Herrn | Vornehme Gönner.

Halle, den 20. Octbr. 1761. Dero gehorsamster Diener
Wilhelm Friedemann Bach.

Denen Hoch Wohl- und Hochedelgebornen Herrn, Hochansehnlichen Acht-Männern eines Wohllöblichen Kirchen-Collegii der Kirche zu U.L. Frauen.

Gesuch um Befreiung von der Kriegssteuer während des Siebenjährigen Krieges, (vgl. bei Philipp Emanuel Bach, S. 96f.) und Bitte um höheres Gehalt. Obwohl er nicht Hallischer Bürger war, wurde Friedemann, da seine Frau Besitz hatte, für Abgaben der Stadt an den Feind besteuert.

Contribution: für den Unterhalt der Besatzungstruppen erhobener Beitrag in besetzten Gebieten; Execution: Vollziehung einer Strafe; Immobilium: Gebäude, Grundstück; conferiren ~ einen Beitrag leisten.

Bach wurde folgender abschlägiger Bescheid erteilt:

Resolution für Herrn Organisten Bach.
Es ist bey dem Kirchen-Collegio zu Unserer Lieben Frauen verlesen worden, was deren Organist Hr. Wilhelm Friedemann Bach wegen remedur seines Beytrages zur feindlichen Krieges-Brandt-Steuer-Contribution, auch verlangter Zulage seines Gehalts bey jetziger Theuerung vorgestellet und gebethen, worauf demselben hiermit zur Resolution ertheilet wird, daß wegen den Beytrags zur feindlichen Krieges-Contribution, von Königl. immediat-Commission nach dem Principio der allgemeinen Mitleydenheit, und von jeden Einwohnenden, verlangten Schutz die repartitions-Anlage gemacht worden, und also derselbe von selbst sich zu bescheiden habe; wie Er auch ohne Absicht des ihm anvertrauten Organisten-Dienstes, da er durch erforderlichen Contributionen-Beytrag, gleichen Schutz wie andere Einwohnende genießet, er auch weit geringer als der schlechteste Handwerker angeleget worden, seinen Beytrag, ohne sich an Unser Kirchen-Collegium zu wenden, vorhin und künfftig bey der general-repartition zu thun schuldig sein. Anlangend die gesuchte Zulage seiner Besoldung betreffend, so finden wir bey dessen öfters ungebührlich bezeigeten Betragens, und seiner Vergessenheit der schuldigen Subordination, gegen das Kirchen-Collegium und des Herrn Consistorial-Raths Rambachs Hochwürden, da er, der Ihme einstmahlen schon in pleno Collegii gegebenen Weisung ohngeachtet, ohne erhaltene permission öfters verreiset, und die Ihme vom Herrn Consistorial-Rath Rambach gegebene Weisung, zu seiner Besserung sich nicht nutzen lassen, gar keine Ursache, aus welchem Beweggrunde bey seiner ihm von Anfang erhöhten Besoldung, Ihme annoch eine Zulage bewilliget werden sollte; da zumahlen die Vermögens-Umstände Unserer Kirche sich seit seines angetretenen Dienstes nicht verbessert, und sein ungebührliches Betragen eine Vergeltung für ihn zu suchen, keine Gelegenheit gegeben. Es wird daher auch dieses Punktes halber ihm zur resolution ertheilt: wie sein Suchen keine statt finde, und zugleich derselbe erinnert, sich besser wie zeithero, der seinem Officio obliegenden Subordination gegen das Kirchen-Collegium und den Herrn Consistorial-Rath Rambach zu befleißigen, damit wir nicht genöthigt werden, andere Verfügungen zu treffen. Wornach derselbe sich zu achten.
Halle den 22. Novbr. 1761.
Vorsteher und Achtmanne des Kirchen-Collegii zu U.L. Frauen hieselbst.
vidi Loeper., vidi Stiebritz., vidi Gade., vidi Büchner., vidi Franke.
vidi Krause., vidi Brömme., vidi Hoffmann. vidi ? ?.

AN DAS KIRCHEN-KOLLEGIUM DER MARIENKIRCHE IN HALLE

[Halle, 12.5.1764]

An Wohllöbliches Kirchen-Collegium
zu U.L. Frauen | gehorsamst
Pro Memoria.
Hoch Wohl- Wohl- und Hoch Edel Geborne
Hoch- und Wohlgelahrte
Zum Wohllöbl. Kirchen-Collegio zu U.L. Frauen
Wohlverordnete Herren Vorsteher und | Achtmänner |
Insonders Hochgeehrteste Herren.

Ew. Hoch Wohl-, Wohl- und Hoch Edel Gebohren habe ich hiermit tempestive zu notificiren meiner Schuldigkeit gemäß erachtet was maßen ich gesonnen und mein hiesiges Organisten-Amt zu resigniren. Alle mir erwiesene Liebe und Wohlgewogenheit werde ich Zeit Lebens mit schuldigsten Dank zu erkennen geflissen seyn und verharre

Ew. Hoch Wohl- Wohl- und Hoch Edel Gebohren

gehorsamster Diener,
Halle den 12. May 1764. Wilhelm Friedemann Bach.

AN DAS KIRCHEN-KOLLEGIUM DER MARIENKIRCHE IN HALLE

[Halle, 22.2.1768]

Hochwohl- Wohl- und HochEdelGeborne
Insonders HochzuEhrende Herren
Hochgeneigte Gönner!

Dass ich mich erkühne Ew. Hochwohl- Wohl und HochEdelgeb. gegenwärtige Bittschrift mit schuldigster Ehrfurcht zu überreichen, dazu veranlasset mich die Organisten-Stelle an der Haupt-Kirche zu unserer lieben Frauen alhier, welche durch den neulich erfolgten Todesfall des seel. Herrn Rülemanes erlediget worden ist. Ich wünsche an des Verstorbenen Stelle gedachter Kirche meine geringen Dienste zu leisten, und habe daher nicht ermangeln wollen, meinen durch diesen Vorfall erzeugten Wunsch, und auf die Erledigung dieses Posten gerichtete Absicht Ew. Hochwohl- Wohl- und HochEdelgeb. mit dem gehorsamsten Ersuchen dahin an den Tag zu legen, dass Dieselben auf diese meine Bitte vornemlich reflectiren, und mir obenberührte Organisten-Stelle bey gedachter Haupt-Kirche zu ertheilen die Hohe Gewogenheit haben mögen. Sollte ich durch Ew. Hochwohl- Wohl- und

HochEdelgeb. vorzügliche Begünstigung meines geziemend angezeigten Gesuchs theilhaftig werden; so werde ich nicht unterlassen, meine hierdurch entstehende Obliegenheit nicht nur aufs pünktlichste zu erfüllen, sondern auch bey ieder Gelegenheit die Pflichten meiner Dankbarkeit mit den aufrichtigsten Gesinnungen an den Tag zu legen, und lebenslang in tiefster Ehrfurcht zu verharren

Ew. Hochwohl- Wohl- und HochEdelgeb.

Halle — gehorsamster Diener

d. 22. Febr. 1768. — Wilhelm Friedemann Bach

Nicht autographe Neubewerbung um die Organistenstelle an der Marienkirche in Halle nach dem Tod des dortigen Organisten Johann Christoph Rühlmann im Februar 1768.

Friedemann wurde nicht einmal zum Probespiel zugelassen. Die Stelle erhielt der bisherige Organist an der Moritzkirche in Halle, Leberecht Friedrich Berger.

Auch die folgende Bewerbung beim Herzog zu Braunschweig, in der nur die Unterschrift autograph ist, blieb ohne Erfolg.

AN DEN HERZOG ZU BRAUNSCHWEIG UND LÜNEBURG

[Braunschweig, 17.5.1771]

Durchlauchtigster Herzog Gnädigster Herzog und Herr

Es ist durch den Tod des Organisten Breier an der St. Catharinen Kirche, auch hier in Braunschweig eine Stelle vacant geworden. Ew. Durchl: habe ich nun zwar unterthänigst gebeten die Wolfenbüttelsche vacance in höchsten Gnaden mir zu ertheilen, da aber solche nicht so einträglich als die Braunschweigische seyn möchte, so bitte Ew. Durchl: ich unterthänigst Höchstdieselben wollen die Stelle des Organisten Breier in höchsten Gnaden mir wieder zu ertheilen geruhen, der ich in tiefster Submission beharre.

Ew. Durchl.

Braunschweig — unterthänigster Knecht

d. 17t. May 1771. — Wilhelm Friedemann Bach.

Dem Durchlauchtigsten Fürsten und Herrn | Herrn CARL, | Regierendem Herzoge zu Braunschweig und Lüneburg | Meinem gnädigsten Fürsten und Herrn | unterthänigst.

[Berlin, 4.7.1778]

Hochedelgebohrener Hochzuehrender Herr Professor!
Zu Dero getroffene Mariage, wie ich vernehme, gratulire von Hertzen und wünsche Beyderseits alles Wohl.
Ich bin meistentheils abwesend gewesen, und habe verschiedene Veränderungen auf Reisen gehabt, sonst hätte mein vor fast 4 Jahren abgelassenes Schreiben continuiret, und wuste also, wie ich gehört von Dero vorhabenden Reisen, keinen sicheren Auffenthalt von Ew. Hoch Edelgeb., wenn nicht Überbringer dieses Hr. von Münchhausen mir sichere Nachricht von Ew. Hoch Edelgeb. überbracht hätte. A propòs Haben Ew. Hoch Edelgeb. Dero Musicalia verauctionirt? Meine Abreise aus Braunschweig war so eilfertig, daß ich keinen Catalogue von meinen hinterlassenen Musikalien und Büchern machen konte, auf die Kunst der Fuge von meinem Vater und Qvanzens Anweisung auf der Flöte kan mich noch besinnen, die andern Kirchen Musiquen und Jahrgänge wie auch Bücher haben Ew. Hoch Edelgeb. en honethomme aufgehoben und mir versprochen mit Zuziehung eines verständigen Musici sie lege auctionis in Geld zu versetzen. Ich bin nebst meiner gehorsahmen Empfehlung an Dero werthe Angehörige, Madame und Mademoiselle Braun, an das Matthieusesche Hauß und andre hinterlassene gute Freunde mit aller Hochachtung

Berlin, den 4. Juli 1778.

Ew. Hochedelgeb. ergebenster Diener
W.F. Bach.

Ich wohne bis Michaelis bey der Laufbrücke in Commissair Dunckels Hauße.

Der Braunschweiger Literatur-Professor Jochen Joachim Eschenburg (1743–1820) war mit Friedemanns Bruder Philipp Emanuel befreundet. (Vgl. S. 121f.)

Mariage: Hochzeit; continuiren: fortsetzen; Musicalia: Musikalien, Noten; Kirchen Musiquen: Kirchenmusik-Noten; en honethomme: als Ehrenmann; lege auctionis: vorschriftsmäßig nach den Regeln der Versteigerung.

Carl Philipp Emanuel Bach.
Meininger Pastell, um 1733

Carl Philipp Emanuel Bach (1714–1788)

»Ich, Carl Philipp Emanuel Bach, bin 1714 im März, in Weimar geboren. Mein seliger Vater war Johann Sebastian, Kapellmeister einiger Höfe, und zuletzt Musikdirektor in Leipzig. Meine Mutter war Maria Barbara Bachin, jüngste Tochter, von Johann Michael Bachen, einen gründlichen Komponisten. Nach geendigten Schulstudien auf der leipziger Thomasschule [1723–1730], habe ich die Rechte sowohl in Leipzig als nachher in Frankfurt an der Oder studirt, und dabey am letztern Orte sowohl eine musikalische Akademie als auch alle damals vorfallenden öffentlichen Musiken bey Feyerlichkeiten dirigirt und komponirt. In der Komposition und im Clavierspielen habe ich nie einen andern Lehrmeister gehabt, als meinen Vater.«

1738, so berichtet der zweitälteste Sohn Johann Sebastian Bachs (Genealogie No. 46) in seiner Autobiographie weiter, wurde er als Cembalist in die Kapelle des preußischen Kronprinzen Friedrich (später Friedrich II.) berufen. Seit 1740 war er in Berlin Mitglied der königlichen Hofkapelle Friedrichs II. Der »Berliner Bach« machte die Bekanntschaft von Musikern wie Quantz, der Brüder Graun und Benda, Agricola und Marpurg. Er verkehrte in literarischen Kreisen um Lessing, Ramler, Gleim und Sulzer. 1767 erhielt er »die Vocation nach Hamburg, als Musikdirektor an die Stelle des seligen Herrn Kapellmeisters Telemanns«. Der »Hamburger Bach« war mit Künstlern und Literaten wie Gerstenberg, Klopstock, Voß, Forkel und Reichardt bekannt.

Es überwiegen Instrumentalkompositionen: über 200 Werke für Klavier, ungefähr 60 Konzerte, meistens für das Cembalo. Etwa 20 Sinfonien und über 30 Kammermusik-Werke. 30 Motetten, Psalmen, Chöre, Kantaten, 20 Passionen, 2 Oratorien, geistliche und weltliche Oden, Lieder, Gesänge, Arien. Sein Lehrwerk Versuch über die wahre Art das Clavier zu spielen *(1753/62) ist aufschlußreich für die Praxis und Auffassung der Musik im 18. Jahrhundert.* *(Vgl. S. 110)*

[Berlin, 29.12.1756]

HochEdelgebohrener Hochgeehrtester Herr Capellmeister,
Bloß Ew. HochEdelgeb. mußten es seyn, um mich zum Panduren Handwerke zu verführen. Zum Glück bin ich ein ehrliebender Sachse, der da wohl einsahe, daß nicht viel Gefahr darbey zu übernehmen war. Mein General Adjutant der H.D. Roloff verdient alles Lob. Er hat befohlenermaßen recognoscirt, und überschickt durch mich inliegenden Rapport. Was dünkt Ihnen von unserer ersten Probe bey dem aufgetragenen Commando? Kan ös mit der Zeit noch was rechtes aus uns werden? Ich glaube, solche Leute, wie wür seynd, muß man beybehalten. Zu mehrerer Sicherheit habe ich jedes Päcktgen, welches der H. Roloff rubricirt hat, noch einmahl in einen papierenen Mantelsack gethan, fest zugeschnürt u. über alles eine wachsleinewandne Felddecke gezogen, welche mit dem ersten Nahmens Buchstaben unsres würdigen Cheffs bezeichnet ist. Selbiger wird besser als ich einsehen, was Winter- und was Sommer Fourage ist. Der jüngere H. Graun, welchem ich einige Unruhe wegen seiner Passion angemerkt habe, wird in wenigen Tägen schriftlich erscheinen. Ich vermuthe also, daß gewisse Nachrichten u. keine Critik hieran Schuld ist. Vielleicht erklährt er sich gegen Sie deutlicher.
Der ältere hat seine Concerten heute früh fest eingepackt an mich, der Abrede gemäß schicken sollen u. wollen, bey Straffe, daß er sie selbst Ihnen zuschicken müßte, wenn er die jetzige Gelegenheit versäumte. Da ich sie nun noch nicht gesehen habe, so vermuthe ich, daß er sich gutwillig dieser Straffe unterworffen habe. Allenfalls erwarte ich Ew. HochEdelgeb. weitere Befehle hierinnen. Ich sehe, daß ich das Landreuter u. Panduren Handwerk zwar mit gleichem Eiffer, aber nicht mit gleichem Glück treibe. Wenn man nur allezeit mit seiner Geschicklichkeit im Plündern ankommen könnte, an meinem guten Willen sollte dieser Herr Concertenmacher nicht lange zweifeln. Bald hätte ich in der Hitze meinen Neujahr Wunsch vergessen. Gott erhalte Sie noch viele Jahre gesund, munter, vergnügt, zur Zierde, zur Freude, zum Nutzen. Dieses wünschet aus dem redlichsten Hertzen

Ew. HochEdelgeb. gantz eigner Bach.

Berlin, am 29ten Dec. 56.
N.S. Wollten Ew. HochEdelgeb. die Gütigkeit haben, u. den H.L. Schubak von meiner Ergebenheit versichern, mit dem Anhange, daß ich ehestens dessen geehrtestes letzteres Schreiben beantworten würde? Kein gut Gewissens- sondern ein Zeitmangel hat mich verhindert.

Der Brief an den über 75jährigen Paten Telemann (1681–1767), den Musikdirektor der Stadt Hamburg, wurde kurz nach Ausbruch des Siebenjährigen Krieges Preußens (und Englands) gegen Österreich, Rußland und Frankreich (1756–1763) geschrieben. Philipp Emanuel verwendet in humorvoller Absicht Ausdrücke aus der militärischen Sprache. Das ihm von Telemann »aufgetragene Commando« hatte die Übersendung von Noten zum Ziele. Sie sollten in Hamburg entsprechend den *De tempore*-Abschnitten zur Aufführung gebracht werden. (Winter- bzw. Sommer-*Fourage*). Bach vergleicht den Auftrag offensichtlich mit Plünderzügen der kroatischen Panduren und »Landreuter«. Die Anspielung auf den »ehrliebenden Sachsen« hat das Ansehen der Sachsen zur Voraussetzung, nicht eben mutig zu sein. Sachsen zählte im Siebenjährigen Krieg zu den Feinden Preußens.
Karl Heinrich Graun (1703 oder 1704–1759) war seit 1735 Hofkapellmeister Friedrichs des Großen in Berlin. »Der ältere« ist dessen älterer Bruder Johann Gottlieb Graun (1702 oder 1703–1771), seit 1732 Konzertmeister Friedrichs des Großen. Beide waren in Berlin Kollegen Philipp Emanuels.

AN JOHANN GOTTLOB IMANUEL BREITKOPF

[Berlin, 27. 10. 1765]

Hochedelgebohrner, hochgeehrtester Herr,
H. Winter hat mir gestern den Mund wäßerich gemacht. Er sagte mir, die Lerchen wären diesmahl so schön und wohlfeil gewesen. Wunderlicher Freund, sagte ich, was hilft mir dieses? warum haben sie nichts mitgebracht? *Enfin*, er wieße mich an Ihre gütige Dienstfertigkeit. Wollten Sie also für mich die Gütigkeit haben und mir mit der ersten Post, alles auf meine Kosten, ein Schock guter Lerchen überschicken? Ach ja, Sie thun es. Ich wiederhole mit Fleiß nochmahls, ich verlange kein Präsent, ich bezahle alles gerne so gleich wie und an wen Sie bestellen, mit ergebenstem Danke.
Ich beharre wie gewöhnlich
Potsdam, d. 27. Oct. 65. Bach.

Philipp Emanuel war mit Breitkopf, dem Verleger seiner Werke, gut befreundet. Beider Geschäftsbeziehungen wurden durch Friedrich Wilhelm Marpurgs 1757 an Breitkopf übersandtes Urteil nicht beeinträchtigt, wonach Bach derjenige sei, »der die Münze am meisten vor allen anderen kennt und schlägt. Ohne etliche 100 Dukaten mit eihnemal ist mit diesem braven Mann nichts anzufangen.«
Winter, Notendrucker und Verleger in Berlin, war in Leipzig auf der Messe gewesen. Breitkopf übersandte Bach die Leipziger Lerchen zusammen mit Korrekturbogen von *6 Leichten Klaviersonaten,* die 1766 in seinem Verlag erschienen.

VERMUTLICH AN CHRISTOPH GOTTLIEB VON MURR

[Berlin, nach 1765?]

Ich besitze von der Hand meines seeligen Vaters geschrieben und *componirt* 60 ausgeführte *Choräle*, worunter keiner von denen ist, welche Birnstiel druckt. Diese 60 *Choräle* sind *manualit*er und *pedaliter* eigentlich für die Orgel gesetzt, ob man sie gleich recht gut auf dem Claviere spielen kann. Sie sind alle auf 2 Systeme oder 2 Reihen Linien gebracht. Die mehresten sind nur kurz ausgeführt, indem der *cantus firmus* in einer von den Stimmen gerade durch geführt ist. Zwischen jedem Absatze kommen zuweilen im *Cantu firmo* kleine Pausen, da unter deßen die übrigen Stimmen fortgehen. Viele von diesen *Chorälen* sind weitläuftig durchgearbeitet, indem einige vielleicht kaum auf 2 Bogen Platz haben. Alle zusammen sind bloß für die Orgel, ohne daß ein anderes Instrument oder Singestimme darbey ist. Sie sind noch nicht bekannt: Jedoch, da ich weiß, daß sie in gute u. für meinen lieben seeligen Vater freundschaftliche Hände gerathen sollen, (wenn sie anders verlanget werden); so will ich damit herausrücken, u. sie sauber abgeschrieben ablaßen. Es sind sämtlich Meisterstücke, und noch von mehrerer Kunst u. Arbeit, als die überschickten Proben. Ich verlange, aus Freundschaft, für die *Communication* u. für die *Copie* nicht mehr zusammen, als 40 rthl. im guten Golde, oder 8 *Louis d'or*. Hat denn der gute Freund die Kunst der Fuge meines seeligen Vaters?

Bach.

Der wahrscheinlich an den Nürnberger Historiker, Zoll- und Wagamtmann von Murr (1733–1811) adressierte Brief trägt kein Datum. Mit den genannten Chorälen ist möglicherweise Johann Sebastian Bachs *Orgelbüchlein* (BWV 599-644) gemeint.

Zu »Birnstiel« vgl. die Edition *Johann Sebastian Bachs vierstimmige Choralgesänge gesammlet von Carl Philipp Emanuel Bach. Erster Theil. Berlin und Leipzig, gedruckt zu finden bey Friedrich Wilhelm Birnstiel, Königl. privil. Buchdrucker, 1765.* Der zweite Teil dieser Ausgabe erschien bei Birnstiel 1769. Philipp Emanuel veröffentlichte hierzu in einer Hamburger Zeitung folgende *Nachricht für das Publicum:* »Es hat der Herr Birnstiel in Berlin kürzlich mit eben so vieler Dreistigkeit als Unwissenheit in der Musik den zweyten Theil von Johann Sebastian Bachs vierstimmigen Choralgesängen, wovon ich der eigentliche Sammler bin, ohne mir das geringste davon wissen zu lassen, herausgegeben. Ich habe davon etwas angesehen, und eine große Menge von Fehlern von alerley Art darinnen gefunden«.

AN GEORG MICHAEL TELEMANN

[Berlin, 11.7.1767]

Hochedelgebohrner,
Hochgeehrtester Herr,
Mir noch jetzo unbekannter, aber dennoch theuerster, und wegen Ihres mir unvergesslichen würdigen seeligen lieben Herrn Grossvaters würdigster Freund,
Ich will eine so schmerzhafte und vielleicht kaum verharrschte Wunde durch traurige Bilder nicht wieder aufreissen. Sie können Sich leicht meine Empfindungen vorstellen, ohne sie in Worten zu schildern. Genug, ich bedaure Sie und mich. Schenken Sie mir diesesmahl das gewöhnliche Wortgepränge, welches oft maschinenmässig geschiehet. Glauben Sie an dessen Statt, dass eine wahre Traurigkeit und ein herzliches Mitleyden sich niemahls rednerisch äussert. Geben Sie mir Gelegenheit, Ihnen meine aufrichtige Freundschaft thätig zu erzeigen, und behalten Sie ferner lieb Denjenigen, welcher mit wahrer Hochachtung beharret

Ew. Hochedelgeboren

Berlin, d. 11ten Julius 67.

ergebenster Freund u.
Diener
Bach

Darf ich um die gütige Weiterbeförderung dieses inliegenden Briefes, ohne ihn zu franquiren, ergebenst bitten?

Der Adressat dieses Briefes und der folgenden ist ein Enkel des am 25. Juni 1767 verstorbenen Hamburger Musikdirektors Georg Philipp Telemann. Georg Michael Telemann (1748–1831), Komponist und auch Musiktheoretiker, war seit 1775 Kantor und Musikdirektor in Riga. Werke: Triosonaten, Violinsonaten, Orgel- und Chorkompositionen.

AN GEORG MICHAEL TELEMANN

[Berlin, 6. 12. 1767]

Liebwehrtester Freund,
Künftigen Monat hoffe ich ganz gewiss mit Gottes Hülfe, das Vergnügen zu haben, Sie zu *embrassi*ren. Jetzt bitte ich Sie gar sehr, so gütig zu seyn, und mir mit baldiger Post folgende Fragen zu beantworten; ich weiss gewiss, Sie könnens, und werden auch wollen solches am besten zu thun.

(1) Welche Sonn- und Festtage von Januar bis Ostern wird in Hamburg in den Kirchen *musicirt*?
(2) Schweigt in der Fastenzeit die Kirchenmusik?
(3) Müssen die MusikTexte sich aufs Evangelium oder die Epistel desselben Tages beziehen, oder nicht?
(4) Darf ich mir zur Probe einen gedruckten MusikText ausbitten?
(5) Müssen alle diese Texte, ehe sie componirt und gedruckt werden, censirt werden?
(6) Wird alle Jahre eine Passion aufgeführt, und wann? ist solche nach historischer u. alter Art mit den Evangelisten u. andern Personen vorgestellt oder wird sie nach Art eines Oratorii mit Betrachtungen, wie z. E. die Ramlerische, eingericht?
(7) Wie stark ist die Anzahl der Sänger u. Instrumentisten, welche in der Kirche musiciren? Kann man die gewöhnlichen Instrumente alle haben?
(8) Welche von diesen Personen sind vorzüglich geschickt?
(9) Was wird in der Singestunde vorgenommen? wer hat sie bisher gehalten? wer muss darbey seyn? welche Stunde und welcher Ort ist dazu gesetzt?
(10) Wer hat bisher die Kirchenmusik dirigirt?
(11) Sind lateinische Musiken z. E. *Kyrie*, *Sanctus*, *Magnificat* u.s.w. mode?
(12) Hält man jemanden zum Noten schreiben für den Musikdirector?

Nehmen Sie meine vielen Bitten nicht ungütig.
Ich beharre mit wahrer Hochachtung

Dero

Berlin, d. 6 December, 67.

aufrichtiger Freund u. Diener
Bach.

Darf ich wohl um die gütige
Bestellung der Inlage bitten?

Im November 1767 wurde Philipp Emanuel durch den Hamburger Senat zum Nachfolger Georg Philipp Telemanns berufen. Ende März trat er den Dienst an. Die Amtseinführung, zu der Georg Michael Telemann zwei Kantaten komponierte, war am 19. April 1768.

AN GEORG MICHAEL TELEMANN

[Ohne Ortsangabe und Datum]

Wehrtester Freund,
Was ich befürchtet habe, ist in überflüssigem Maasse eingetroffen. Tante hat heute den ganzen Tag mich und die Meinigen in meinem Hause belagert. Er hat so viel geschimpft, geflucht, gelärmt, dass die ganze Nachbarschaft zusammen gelaufen ist. Ich habe mich entsetzlich zwingen müssen, alles anzuhören und gewisser maassen zu sehen, ohne aus meinem Zimmer zu gehen und ihn aufs würdigste accommodiren und aus dem Hause schmeissen zu lassen. Nun fordere ich von Ihrer Freundschaft, mich von diesem Unsinne zu befreyen, so bald es seyn kann; ihm *NB selbst* zu sagen, dass er vor Oster heilige Abend keinen s. [Schilling] bekomme, mich niehmals zu sprechen kriegen würde, und mein Haus absolut meiden soll. Wegen seiner Vergehungen werde ich *a part* Einrichtungen machen. Ich kann Ihnen nicht helfen, wehrtester Freund, Sie haben mit Ihrem guten Herzen, diese fatale Sache, ohne dass ich Ihnen im geringsten Vorwürfe mache, angefangen, ich habe mit meinem guten Herzen hierein *entrirt*, nunmehro liegt es Ihnen ob, durch eine *schleunige Visite* bey Tanten und durch die ernsthaftesten Vorstellungen ihm die Wahrheit zu sagen und ihn zu vermögen, wenn er sich nicht haupt unglücklich machen will, dass er mein Haus und meine Person auf immer meide. Vor Oster

heilige Abend bin ich nicht gehalten, einen s. auszuzahlen, dabey bleibt es.
Ich verlasse mich auf Ihre Freundschaft und bin von Herzen

Ihr
aufrichtigster
Freund und Diener
Bach.

Dienstag Abend.

Pour Monsieur
Monsieur Telemann.

AN JOHANN PHILIPP KIRNBERGER

[Hamburg, 21.7.1769]

... aus denselben Absichten, die Sie haben, wünsche ich eine vernünftige Ausgabe der Choräle von meinem seeligen Vater. Ich bin zu allem bereit. Seyn Sie der Unterhändler. (1) muß der 2te Theil in angemerkten *Erratis* reine ausgemistet werden; (2) besorge ich den 3tten u. 4ten Theil u. alles zusammen werden Sie mit Genauigkeit gütigst durchsehen; (3) muß auf allen 3 folgenden Theilen, so wie auf dem ersten mein Nahme stehen, alsdenn stehe ich für alles. Der Hauptpunkt ist dieser, daß ich voraus bezahlt werde, denn Birnstiel ist mir durchaus bekannt.

Es handelt sich hier um den Vorschlag einer Neuausgabe von Johann Sebastian Bachs Chorälen. Kirnberger (1721–1783), Musiktheoretiker und Komponist, war ein Schüler Johann Sebastian Bachs. 1758 wurde er Hofmusiker der Prinzessin Anna Amalia von Preußen. Er leitete den Brief am 25. August 1777 an den Verleger Johann Gottlob Imanuel Breitkopf in Leipzig weiter.

AN GEORG MICHAEL TELEMANN

[Hamburg, 31.1.1771]

Wehrtester Freund.
Meine heftigen Kopf- und Zahn-Schmerzen haben meine Antwort auf Ihr geehrtestes Schreiben um einen Posttag aufgeschoben.
Sie haben mir einen Brief geschrieben, davon gewiss Ihr Herz nichts weiss: Ihr Herz, welches immer so edel, so billig, so *bescheiden* gedacht hat. Ihr Herr Schwager, der es mit Ihnen recht gut meynt, ohne von unsern Verabredungen gehörig

unterrichtet zu seyn, ohne die wahren Umstände meiner Amts-Verrichtungen und meiner Pflichten gegen die Stadt genau zu kennen, ist gewiss die Triebfeder von unserer jetzigen für mich wahrhaftig höchst unangenehmen Correspondenz; Sie haben den Brief an mich Ihm offen zur *Aprobation* eingeschickt, Hr. Schön hat mir ihn mit seiner eigenhändigen und zwar possierlichen Aufschrift zugesiegelt einhändigen lassen. Ich bin darüber sehr empfindlich gewesen, dass man mir auf diese besondere Art einen Brief zustellt, welcher voller harten Vorwürfe, die ich nie verdient habe, stecket. Mich deucht, in Sachen, die unter 4 Augen so deutlich verabredet worden, muss durchaus der dritte Mann sich nicht herein mengen. Ich fordere von Ihnen mit Recht mehr Vertrauen zu mir, und verbitte für immer diese Briefbestellung unter *Aprobation.* Die Verleitung zu dem Inhalte dieses Schreibens vergebe ich Ihnen, weil ich aus Erfahrung weiss, dass gute Herzen leicht zu lenken sind; man hat für Sie sorgen wollen, aber zugleich Sie missgehandelt.
Nun zur Sache. Meine Willensmeynung ändere ich nie. Ich verspreche nicht leicht etwas unmögliches; Sie fordern dergleichen von mir. Ich will es dadurch beweisen, dass ich Ihnen noch einmahl Dinge sage, die ich seit beynahe einem Jahre Ihnen sehr sehr oft gesagt habe. Nehmlich: Da Hr. Holland nicht mehr singen kann und da ich Sie nicht länger haben kann, so habe ich ihm ihre Stelle seit beynahe einem Jahr, als so lange es schon hiess, dass sie auf *Universitae*ten gehen würden, versprochen. Wissen Sie wohl, dass ich Ihnen alles dieses oft gesagt habe, noch mehr, dass ich ihnen sagte, ich hätte ihm mein Buch zur Ausbildung geschenkt, ich bedauerte, dass der Abfall zwischen Ihnen und ihm sehr gross seyn würde, da es schien, dass er nicht fleissig genug wäre, dass er sich allezeit die Bässe transponiren wollte. Sie haben dies alles *ohne der geringsten Contradiction* sehr oft von mir gehört. Hauptsächlich können Sie ohnmöglich läugnen, dass bei unserer letzten Zusammenkunft beynahe von nichts anderm als von Herrn Hollanden und seinem Missvergnügen, dass er künftig weniger haben würde, als jetzo, gesprochen wurde; Sie fanden ihn, wie ich, unbillig, weil es doch immer besser ist, etwas, als nichts. Sie baten mich, Ihnen die Gelder, *damit Sie einen Anfang in Kiel* hätten, bis Ostern zu lassen. Ich willigte hierein aus Liebe zu Ihnen, und sagte bey dem Weggehen noch aus-

drücklich: *NB NB*. Länger als bis Ostern kan es nicht seyn, weil ich mich wegen der *Passion* hauptsächlich, und ueberhaupt wegen der Altstimme nicht länger zum *Spectacle* so kläglich behelfen kann. *Wissen Sie*, sagte ich ausdrücklich, *dass mit Michaelis die Veränderung schon hätte angehen sollen, und dass ich einen Altisten auf dem Halse habe, der nun hungert, und den ich auf eine andere Art befriedigen muss, weil ich aus allzugrosser Liebe für Sie mein gegebenes Wort gebrochen habe*. Sie bürden mir auf, ich hätte Sie nur beurlaubt: Könnte wohl etwas einfältiger seyn, als Jemanden zu beurlauben, der öffentlich Abschied nimmt, mit dem eine ganze neue *Epoche* seines Lebens vorgehet, der auf Universitaeten gehet? Ich bin auf 2 *Academien* gewesen u. weiss also, was der *Cursus* sagen will, wie nothwendig *Testimonia* zu einmahliger Beförderung seyn, wie sie lauten müssen, und wie lange überhaupt eine *Acade*mische Lebensart dauern muss. Von einem so soliden so gelehrten so hofnungsvollen *Academico*, wie Sie sind, kann kein gesunder Kopf glauben, dass Sie blos *pro forma* auf ein halbes Jahr auf *Universitae*ten gegangen sind, wie Sie mir doch glauben machen wollen, da Sie auf Ostern wieder hier seyn wollen, wenn ich es verlange. Ich habe hierüber mit Recht gelacht! Bald wollen Sie kommen, bald wollen Sie bis *Michaelis*, bald bis *Johannis* wegbleiben, alles wider unsere Verabredung. Ich traue Ihrem Ehrgeitz mehr zu, als dass Sie ewiger *Choradjuvante* bleiben wollten. Der Telemannische Nahme ist mir viel zu heilig, Ihre seel. VorEltern viel zu ehrwürdig, Ihre Geschicklichkeit viel zu gross, Ihre Denkungsart viel zu erhaben u. zu solide, als dass Sie auf eine kleine Art dem Ziele aus dem Wege gehen sollten, wonach Sie jetzt ringen u. mit der besten Erwartung ringen. Sie sind hierinnen unschuldig; der gute Herr Schön wollte, laut seinen Reden gegen meine Frau, mich treuherzig machen, dass das *Accompagnis*ten-Geld bis auf ewige Zeiten auf den Telemanischen Nahmen fallen sollte, er überredete Sie zu gewissen Erfindungen, Sie folgten, Sie schrieben, er *aprobirte* es, er siegelte, er liess einhändigen u. ich erhielt also den ganz unerwarteten und höchst unangenehmen Brief, den mein gutes Herz nicht verdiente. u. dieses geschahe alles – warum? – etwa ein grosses Glück zu erwischen? – nein! blos um 100 jährlicher Marck [40 Thlr.] willen. Denn ich muss Ihnen sagen, dass dieses Quantum, wie es gewesen ist, immer bleiben wird. Die Zulage, die ich Ihnen gegeben habe, ist aus meinem Beutel geschehen, und dieses deswegen, weil ich gegen Ihre viele Güte in Mittheilung der Kirchenstücke von Herzen gerne erkenntlich habe seyn wollen. Wie ich bey der Stadt um Zulage anhielt, so rieth mir mein Freund, um Gotteswillen keine andere Seite, etwa Zulage u. d. m. [d. h. für die übrigen Musiker] zu berühren, als blos für den 8ten Sänger, der nach den Kirchenbüchern da seyn muss, u. für *Copisten* Gelder zu sprechen, weil mit 7 Mark quartaliter *Copial*-Gebühren nicht viel zu machen wäre. Ich folgte, es gieng mit harter Mühe, aber nur auf wenige Zeit, welche nach ein Paar Jahren vorbey seyn wird. Zwey HauptKirchen sind ganz dawider gewesen u. ein Paar HH. Oberalten sagten mir kürzlich in Gesellschaft höflich aber dreuste: (sie hatten das Recht dazu) dass sie nun hofften, dass ich künftig mit Stücken und Texten selbst erscheinen würde und dass ich künftig mein Amt nicht in *Commission* führen mögte. Ich habe in diesen 3 Jahren hier und anderswo über 6 Jahrgänge in Partitur abschreiben lassen, worunter keins von den mir gütigst geliehenen Stücken ist, alles sind unbekannte Sachen, rechnen Sie einmahl nach, was dieses kostet? Künftig werde ich auch selbst mehr arbeiten als bisher, da ich nun ruhig bin.

Mit Ostern fange ich mit 2 neuen Jahrgängen an, mein Text-Drucker will mir ausserdem nicht mehr das gewöhnliche geben, es ist auch einmahl Zeit, dass die Texte verändert werden, damit die Stadt weiss, dass ein neuer *Cantor* hier ist. Sie werden Selbst nachrechnen können, wie viel wöchentlich 2 Stücke zu schreiben kosten. Jetzt arbeiten beständig 2 *Copisten*. Ich schreibe Ihnen dieses alles ausführlich, damit Sie einsehen, dass die Zulage bisher blos aus meinem Beutel gekommen ist, u. dass ich sie nun nicht länger mehr geben kann. Es bleibt bei dem alten, u. Hr. Holland muss damit zufrieden seyn, u. ist es auch. Ich muss von den wenigen Jahren, da mir die Stadt die Zulage noch giebt, den gehörigen Gebrauch machen, damit mir es künftig nicht fehle. Hier haben Sie also meine ganze Meynung. Ich bin, was ich war, was ich Ihnen bis Ostern versprochen habe, halte ich. Gott gebe Ihnen seinen Seegen zu Ihrem akademischen Fleisse, er wird Sie gewiss belohnen. Geben Sie mir auf eine andere mögliche Art Gelegenheit, Ihnen zu dienen, so werde ich mich herzlich freuen. Auf Ostern werden alle Ihre mir gütigst geliehenen Sachen bey Hrn. Schönen wieder ohne Schaden, mit vielen *duplir*ten Stimmen, seyn. Ich bleibe dafür Ihr jederzeit erkentlicher Freund, Sie können, ohngeacht unsers Scrupels, jederzeit auf meine Liebe u. auf mein gutes Herz Rechnung machen. Ich erbitte mir Ihre Freundschaft aufs neue und beharre mit aufrichtiger Hochachtung

Hamburg, Ihr
d. 31. Jan. wahrer Fr.
71. Bach.

Die Meinigen empfehlen sich Ihnen ergebenst.

Als Musikdirektor Hamburgs mußte Philipp Emanuel Bach auch administrative Pflichten wahrnehmen. So gingen die Honorare für Instrumentalisten, Sänger und Kopisten durch seine Hände. Wie auch aus dem auf S. 101f. abgedruckten Brief hervorgeht, kam es dabei manchmal zu Meinungsverschiedenheiten.

Aprobation: Billigung, Genehmigung; Contradiction: Widerspruch; Cursus: Vortrag; Testimonium: Zeugnis; Choradjuvante: Chorgehilfe; Accompagnist: musikalischer Begleiter; dupliren: verdoppeln.

AN HEINRICH WILHELM VON GERSTENBERG

Hamburg d. 21. Oct. 73.

Hochwohlgebohrner, Höchstgeehrtester Herr,
Theuerster Gönner.

Wenn auch mein jetzt unter der Feder sich befindender Psalter mich weniger beschäftigte, so glaube ich doch, daß ich um Vergebung wegen meines späten Antwortens würde bitten müssen... Der Beyfall eines Gerstenbergs wird für mich eine Ehre und ein Vergnügen seyn, welches mir bis ins Grab nachfolgen wird. ... Ew. Hochwohlgeb. haben vollkommen Recht, wenn Sie sagen: daß andächtige Empfindungen gerade die wären, welche der Musik am anständigsten sind, und ich, als ein Clavierspieler, getraue mir zu behaupten, daß man auf unserm Instrumente in der Tat bey einer guten Ausführung viel sagen könne. Ich sondere hievon das bloße Ohrenkützel ab, und fordere, daß das Herz in Bewegung müsse gebracht werden. Ein solcher Clavierspieler, zumahl, wenn er ein Erfindungsreiches Genie hat, kann sehr viel thun. Indessen Worte bleiben immer Worte und die Menschenstimme bleibt uns immer voraus. Solange wir das Nähere haben können, dürfen wir, ohne Noth das Weitere nicht suchen. An die schalen Spöttereyen mit dem ehrlichen Tischer, der unter seinen gemahlten Vogel schrieb: dies soll ein Vogel seyn, sollte man sich zwar nicht kehren, zumahl wenn man von einer Krankheit, die die Gelegenheit zu gewissen Versuchen könnte gegeben haben, nichts sagt: doch erinnere ich mich vor vielen Jahren, als ich meinen Sanguineus und Cholericus drucken ließ, daß ich nicht ganz unempfindlich war, als ein guter Freund mir im Spasse gewisse Dinge, die er eben nicht böse meinte, die mir aber nicht gefielen, hierüber sagte. So schwach sind wir!

Diesem allen ohngeacht kann der Einfall von Ew. Hochwohlgeb. Gelegenheit zu vielen guten Gedanken auf unserem Instrument geben, auf die man sonst nicht fallen würde.

Sollte ich etwas mehr Zeit, als jetzo haben, so wollte ich wohl einen Versuch von dieser Art wagen, aber blos aus Gehorsam und Hochachtung gegen Ew. Hochwohlgeb. und ohne deswegen bekannt zu werden...

Philipp Emanuel lernte den Dichter und Kritiker Gerstenberg (1737–1823) persönlich wahrscheilich erst 1777 kennen, als Gerstenberg in der Hamburger Katharinenkirche Musik von ihm hörte. 1789 wurde in Lübeck die Kantate *Die Grazien* (Wq 200,22) publiziert; Musik von Philipp Emanuel Bach, Text von Gerstenberg.

Die im Brief genannten Psalter sind die 1774 erschienenen sogenannten *Cramerschen Psalmen* (Wq 196). Erwähnt ist auch die deskriptive Sonate c-Moll für zwei Violinen und Basso continuo *Gespräch zwischen einem Sanguineo und Melancholico* (Wq 161, 1; Potsdam 1749)

AN JOHANN NIKOLAUS FORKEL

[Hamburg, 7. 10. 1774]

In Eil habe ich das Vernügen Ihnen, bester Freund, den Rest meiner *Sebastianor*en zu schicken, nehmlich 11 Trii, 3 Pedalstücke u. Vom Himmel hoch etc. Sollten Sie diesen lezteren Choral bereits haben, so schicken Sie ihn gelegentlich wieder zurück. Die 6 Clavirtrio, die unter ihren Numern zusammengehören, sind von den besten Arbeiten des seeligen lieben Vaters. Sie klingen noch jetzt sehr gut, u. machen mir viel Vergnügen, ohngeacht sie über 50 Jahre alt sind. Es sind einige *Adagii* darin, die man heut zu Tage nicht sangbarer setzen kann. Da sie sehr zerlästert sind, so belieben Sie solche gut in acht zu nehmen.

Der Göttinger Musikgelehrte Johann Nikolaus Forkel (1749–1818) war mit Philipp Emanuel befreundet. (Zu Forkel vgl. auch S. 7).
Bei *Vom Himmel hoch* handelt es sich sicherlich um den Erstdruck dieser Variationen für Orgel (BWV 769). Mit den »6 Clavirtrio« dürften richtiger die Violinsonaten BWV 1014–1019 gemeint sein.

AN JOHANN NIKOLAUS FORKEL

[Hamburg, vermutlich 2. Hälfte Dezember 1774]

P.P.

Ein klein Flußfieber und eine Trauermusick hat mich verhindert eher, als jezt, beykommende 6 *Soli* u. 4 *Conc*erten von mir einzusenden. Künftig mehr. Mein erster Versuch kommt auch hiebey mit. Er kostet nur 3 rthl. Machen Sie mir bald das Vergnügen hieher zu kommen, alsdenn wollen wir zusammen rechnen. Meines seeligen Vaters Lebenslauf im Mizler ist durch meine Hülfe der vollkommenste. Unter den darin angeführten geschriebenen Claviersachen sind ausgelaßen: 15 Zweystimmige *Inventiones* u. 15 dreystimmige *Sinfoni*en; ingleichen 6 kurze Vorspiele. Bey des seeligen Kirchensachen kan angeführt werden, daß er devot u. dem Inhalte gemäß gearbeitet habe, ohne comische Verwerfung der Worte, ohne einzelne Worte auszudrücken, mit Hinterlaßung des Ausdruckes des ganzen Verstandes, wodurch oft lächerliche Gedancken zum Vorschein kommen, welche zuweilen verständig seyn wollende und unverständige zur Bewunderung hinreißen. Noch nie hat jemand so scharf u. doch dabey aufrichtig Orgelproben übernommen. Den ganzen Orgelbau verstand er im höchsten Grade. Hatte ein Orgelbauer rechtschaffen gearbeitet, und Schaden bey seinem Bau, so bewegte er die Patronen zum Nachschuß. Das Registriren bey den Orgeln wuste niemand so gut, wie er. Oft erschracken die Organisten, wenn er auf ihren Orgeln spielen wollte, u. nach seiner Art die Register anzog, indem sie glaubten es könnte unmöglich so, wie er wollte, gut klingen, hörten hernach aber hernach einen *Effect*, worüber sie erstaunten. Diese Wißenschaften sind mit ihm abgestorben. Das erste, was er bey einer Orgelprobe that, war dieses: Er sagte zum Spaß, vor allen Dingen muß ich wißen, ob die Orgel eine gute Lunge hat, um dieses zu erforschen, zog er alles Klingende an, u. spielte so vollstimmig, als möglich. Hier wurden die Orgelbauer oft für Schrecken ganz blaß. Das reine stimmen seiner Instrumente so wohl, als des ganzen *Orchestres* war sein vornehmstes Augenmerck. Niemand konnte ihm seine Instrumente zu Dancke stimmen u. bekielen. Er that alles selbst. Die *Rangirung* eines *Orchestres* verstand er ganz vollkommen. Jeden Plaz wuste er zu nutzen. Jede Ausnahme, was den Ort anlangte, wuste er beym ersten Anblick. Ein merck|würdiges Exempel hievon ist folgendes: Er kam nach Berlin, mich zu besuchen, ich wieß ihm das neue Opernhauß. Gleich fand er das gute und fehlerhafte (was nehmlich die Ausnahme der Musik betrifft) Ich wieß ihm den großen Speisesal darin; wir giengen auf die Gallerie, welche in diesem Saale oben herum gehet; er besahe die Decke, u. ohne weiter nachzuforschen sagte er zum voraus: daß der Baumeister hier ein Kunststück angebracht habe, ohne die Absicht gehabt zu haben u. ohne, daß es Jemand wuste, nehmlich: Wenn jemand an der einen Ecke des länglichten viereckigten Saales oben ganz leise in die Wand einige Worte flisperte, so hörte es der andere, welcher übers Creuz an der andern Ecke mit dem Gesichte gegen die Wand stand, ganz deutlich, und sonst in der Mitte, oder an den übrigen Orten hörte von den anderen Personen keiner nicht das geringste. Ein vor diesem sehr rares und bewundertes Kunststück der Baukunst! Es machten diesen Effect die angebrachten Bogen in der gewölbten Decke, die er gleich sahe. Er hörte die geringste falsche Note bey der stärcksten Besetzung. Als der größte Kenner u. Beurtheiler der Harmonie spielte er am liebsten die Bratsche mit angepaßter Stärcke u. Schwäche. In seiner Jugend bis zum ziemlich herannahenden Alter spielte er die Violine rein u. durchdringend u. hielt dadurch das Orchester in einer größeren Ordnung, als er mit dem Flügel hätte ausrichten können. Er verstand die Möglichkeiten aller Geigeninstrumente vollkommen. Dies zeugen seine *Soli* für die Violine und für das Violoncell ohne Baß. Einer der größten Geiger sagte mir einmahl, daß er nichts vollkommneres, um ein guter Geiger | zu werden, gesehen hätte u. nichts beßeres den Lehrbegierigen anrathen könnte, als obengenannte Violinsoli ohne Baß. Vermöge seiner Größe in der Harmonie, hat er mehr als einmahl *Trios accompagn*irt, und, weil er aufgeräumt war, u. wuste, daß der Componist dieser *Trios* es nicht übel nehmen würde, aus dem Stegereif u. aus einer elend beziferten ihm vorgelegten Baßstimme ein vollkommenes *Qvatuor* daraus gemacht, worüber der Com-

ponist dieser *Trios* erstaunte. Bey Anhörung einer starck besetzten u. vielstimmigen Fuge, wuste er bald, nach den ersten Eintritten der *Thematum*, vorherzusagen, was für *contra*puncktische Künste möglich anzubringen wären u. was der Componist auch von Rechtswegen anbringen müste, u. bey solcher Gelegenheit, wenn ich bey ihm stand, u. er seine Vermuthungen gegen mich geäußert hatte, freute er sich u. stieß mich an, als seine Erwartungen eintrafen. Er hatte eine gute durchdringende Stimme von großer Weite, u. gute Singart. Niemand hat in *Contra*punckten u. Fugen alle Arten des Geschmacks, der Figuren und der Verschiedenheit der Gedankken überhaupt so glücklich angebracht, als er.
Man hat viele abentheuerliche Traditionen von ihm. Wenige davon mögen wahr seyn u. gehören unter seine jugendliche Fechterstreiche. Der seelige hat nie davon etwas wißen wollen, u. also laßen Sie diese comischen Dinge weg. |
Der Stammbaum muß abgezeichnet werden u. die Beschreibung gehört dazu. Kommen Sie bald hieher, so kann dieses in Ihrer Gegenwart geschehen, wo nicht, u. Sie sind preßirt, so will ich es bald besorgen. Außer dem beykommenden Concerte aus dem *F*, habe ich noch 2 *Sonatin*en für 2 Flügel gemacht. Die lezteren, nebst den übrigen *Sonatin*en habe ich vor der Hand noch nicht bekannt gemacht. Für Ihre gütige Bemühung, meine arme Israeliten aus der Wüste bringen zu helfen, dancke ich Ihnen zum voraus ergebenst. Obige *Specialia Patris* habe ich ohne Zierlichkeit, so, wie sie mir eingefallen sind, hingeschmiert. Brauchen Sie sie, wie Ihnen beliebt u. bringen sie in eine beßere Ordnung. *Mr.* u. *Mme* Heyne mein gehorsamstes Compliment.

Lieben Sie ferner

Den Ihrigen
Bach.

Ich befürchte, die Post mag schon
fort seyn. Vergeben Sie mir.

Die Trauermusik dürfte anläßlich des Todes des Hamburger Bürgermeisters Schele (gest. 28. 11. 1774) aufgeführt worden sein.
»Mein erster Versuch«: *Versuch über die wahre Art das Clavier zu spielen mit Exempeln und achtzehn Probe-Stücken in sechs Sonaten erläutert von Carl Philipp Emanuel Bach, Königl. Preuß. Cammer-Musikus. Berlin, in Verlegung des Auctoris. Gedruckt bey dem Königl. Hof-Buchdrucker Christian Friedrich Henning. 1753.* Der zweite Teil des *Versuchs* erschien 1762 in Berlin. (Vgl. S. 115 f.)

Mit des »seeligen Vaters Lebenslauf« ist der Nekrolog auf Johann Sebastian Bach gemeint, 1754 in der *Musikalischen Bibliothek* Lorenz Christoph Mizlers in Leipzig publiziert.
Mit der Reise nach Berlin dürfte Philipp Emanuel auf Johann Sebastians Reise im Jahr 1747 Bezug nehmen. Der Vater war damals in Begleitung von Friedemann Bach. In Berlin ließ er sich unter anderem vor König Friedrich II. hören. Letzterer »geruhete auch, ohne einige Vorbereitung in eigner höchster Person dem Capellmeister Bach ein Thema vorzuspielen, welches er in einer Fuge ausführen solte«. Nach Leipzig zurückgekehrt, komponierte J. S. Bach dann das dem König gewidmete *Musikalische Opfer*. Philipp Emanuel war zu jener Zeit am Berliner Hof Kammercembalist.
Der erwähnte Stammbaum ist verschollen.
Die Israeliten in der Wüste (Wq 238) erschienen 1775 in Hamburg.
Die Angaben aus diesem Brief fanden teilweise wörtlich Eingang in Forkels Monographie *Über Johann Sebastian Bachs Leben, Kunst und Kunstwerke* (Leipzig 1802).

AN JOHANN NIKOLAUS FORKEL

Hamburg, d. 13 *Jan.* 75

Meines seeligen Vaters Lebenslauf im Mitzler, liebster Freund, ist vom seeligen Agricola u. mir in Berlin zusamgestoppelt worden, u. Mitzler hat blos das, was von den Worten: In die *Soci*etät angehet, bis ans Ende, dazu gesetzt. Es ist nicht viel wehrt. Der seelige war, wie ich u. alle eigentlichen Musici, kein Liebhaber, von trocknem mathematischen Zeuge.

ad 1mum: Des seeligen Unterricht in Ohrdruf mag wohl einen Organisten zum Vorwurf gehabt haben u. weiter nichts.

ad 2dum: außer Frobergern, Kerl u Pachhelbel hat er die Wercke von *Frescobaldi*, dem Badenschen Capellmeister Fischer, Strunck, einigen alten guten französischen, Buxdehude, Reincken, Bruhnsen u. dem Lüneburgischen Organisten Böhmen geliebt u. studirt.

ad 3um: nescio, wodurch er von Lüneburg nach Weimar gekommen.

ad 4tum: Der seelige hat durch eigene Zusätze seinen Geschmack gebildet.

ad 5tum: Blos eigenes Nachsinnen hat ihn schon in seiner Jugend zum reinen u. starcken Fugisten gemacht. Obige *Favori*ten waren alle starcke Fugisten.

ad 6tum: Durch die Aufführung sehr vieler starcken Musiken in Kirchen, am Hofe u. oft unter dem freyen Himmel, bey wunderlichen u. unbeqvemen Plätzen, ohne systemathisches Studiren der Phonurgie hat er das arrangement des Orchesters kennen gelernt. | Diese Erfahrung, nebst einer natürlichen guten Kenntniß der Bauart, in wie ferne sie dem Klange nützlich ist, wozu seine besonderen Einsichten in die guten Anlagen einer Orgel, Eintheilung der Register und *Placi*rung derselben ebenfals das Ihrige beygetragen haben, hat er gut zu nutzen gewußt.

ad 7mum: Wenn ich einige, *NB* nicht alle, Clavierarbeiten ausnehme, zumahl, wenn er den Stoff dazu aus dem Fantasiren auf dem Claviere hernahm, so hat er das übrige alles ohne Instrument componirt, jedoch nachher auf selbigem probirt.

ad 8um: Fürst *Leopold* in Cöthen, Herzog Ernst August in Weimar, Herzog Christian von Weißenfels haben ihn besonders geliebt u. auch nach *proportion* beschenckt. Außerdem ist er in Berlin u. Dreßden besonders geehrt worden. Ueberhaupt aber hatte er nicht das *brillan*teste Glück, weil er nicht dasjenige that, welches dazu nöthig ist, nehmlich die Welt durchzustreifen. Indeßen war er von Kennern und Liebhabern genug geehrt.

ad 9um: Da er selbst die lehrreichsten Claviersachen gemacht hat, so führte er seine Schüler dazu an. In der Composition gieng er gleich an das Nützliche mit seinen Scholaren, mit Hinweglaßung aller der trockenen Arten von Contrapuncten, wie sie in Fuxen u. andern stehen. Den Anfang musten seine | Schüler mit der Erlernung des reinen 4stimmigen Generalbaßes machen. Hernach gieng er mit ihnen an die Choräle; setzte erstlich selbst den Baß dazu, u. den Alt u. den Tenor musten sie selbst erfinden. Alsdenn lehrte er sie selbst Bäße machen. Besonders drang er sehr starck auf das Aussetzen der Stimmen im GeneralBaße. Bey der Lehrart in Fugen fieng er mit ihnen die zweystimmigen an, u.s.w. Das Aussetzen des Generalbaßes u. die Anführung zu den Chorälen ist ohne Streit die beste Methode zur Erlernung der Composition, *qvoad Harmoniam.* Was die Erfindung der Gedancken betrifft, so forderte er gleich anfangs die Fähigkeit darzu, u. wer sie nicht hatte, dem riethe er, gar von der Composition wegzubleiben. Mit seinen Kindern u. auch anderen Schülern fieng er das Compositionsstudium nicht eher an, als bis er vorher Arbeiten von ihnen gesehen hatte, woraus er ein Genie entdeckte.

ad 10mum: Außer seinen Söhnen fallen mir folgende Schüler bey: Organist Schubert, Org. Vogler, Goldberg beym Grafen Brühl, Org. Altnicol mein seeliger Schwager, Org. Krebs, Agricola, Kirnberger, Müthel in Riga, Voigt in Anspach, |

ad 11mum: in der letzten Zeit schätzte er hoch: *Fux, Caldara,* Händeln, Kaysern, Haßen, beyde Graun, Telemann, *Zelenka, Benda* u. überhaupt alles, was in Berlin und Dreßden besonders zu schätzen war. Die erstgenannten 4 ausgenommen, kannte er die übrigen persöhnlich. In seinen jungen Jahren war er oft mit Telemannen zusammen, welcher auch mich aus der Taufe gehoben hat. In Beurtheilung der Arbeiten war er, *qvoad Harmoniam*, sehr streng, jedoch schätzte er außerdem alles würcklich gute u. gab ihm seinen Beyfall, wenn auch Menschlichkeiten mit darunter zu finden waren. Bey seinen vielen Beschäftigungen hatte er kaum zu der nöthigsten Correspondenz Zeit, folglich weitläuftige schriftliche Unterhaltungen konnte er nicht abwarten. Desto mehr hatte er Gelegenheit mit braven Leuten sich mündlich zu unterhalten, weil sein Haus einem Taubenhause u. deßen Lebhaftigkeit vollkommen gliche. Der Umgang mit ihm war jederman angenehm, u. oft sehr erbaulich. Weil er nie selbst von seinem Leben etwas aufgesetzt hat, so sind die Lücken darin unvermeidlich. Ich kann nicht mehr schreiben, leben Sie wohl u. lieben Sie ferner Ihren wahren Fr.

Bach.

Was wollen Sie für ein *Portrait* vorsetzen. Das was Sie haben, ist fehlerhaft. Ich habe ein schönes ähnliches *Original* in *Pastell.* Die Kosten des Stammbaumes betreffen 2½ Thaler. Die jetzige *Generation, qvoad Musicam*, artet aus.
Mit einigen Sachen von J. Xstopf kann ich aufwarten, wenn ich soll.

nescio: ich weiß nicht; qvoad Harmoniam: was die Harmonie betrifft; qvoad Musicam: was die Musik betrifft.

AN JOHANN NIKOLAUS FORKEL

[Hamburg, 20.9.1775]

Hierbey, habe ich das Vergnügen, Ihnen etwas aus meinem alten Bachischen Archive zu überschicken, nehmlich 2 Stücke von dem braven Joh. Christopf, und 1 von deßen braven Bruder Joh. Michel Bach, meinem seeligen Großvater mütterlicher Seite. Ich bitte, sie gelegentlich mir, *NB* gut *conservirt*, weil sie etwas mürbe sind, wieder zu schicken. Das 22stimmige Stück ist ein Meisterstück. Mein seeliger Vater hat es einmahl in Leipzig in der Kirche aufgeführt, alles ist über den Efeckt erstaunt. Hier habe ich nicht Sänger genug, außerdem würde ich es gerne einmal aufführen ... |

Von Fischern, Frobergern etc. etc. etc. habe ich nichts. Der Himmel weiß, wo diese Sachen hingekommen sind.

Zu Johann Christoph Bach siehe S. 17ff. und Genealogie No. 13. Zu Johann Michael Bach siehe Genealogie No. 30.
Mit dem »22stimmigen Stück« ist Johann Christoph Bachs Concerto *Es erhub sich ein Streit* gemeint.

AN HEINRICH WILHELM VON GERSTENBERG

[Hamburg, 15.3.1777]

Hochwohlgeborener, höchstgeehrtester Herr Rittmeister,

ich bin seit dem Anfange des vergangenen Februars bis jetzt an einem fatalen Magenhusten sehr krank gewesen. Nachdem ich beinahe eine ganze Apotheke eingeschluckt und eine sehr strenge Diät gehalten habe: so bin ich nunmehr durch Gottes Gnade insoweit wiederhergestellt, nur befinde ich mich noch sehr entkräftet und darf mich der noch fortdauernden rauhen Witterung nicht wohl aussetzen.

Ich habe Euer Hochwohlgeb. sehr vieles zu sagen, und noch mehr um Vergebung zu bitten: ich verschiebe alles aber, bis ich vollkommen wieder hergestellt bin. Jetzt vergeht mir alle Lust, etwas zu schreiben und zu tun. Mit Herrn Schiörrings Reise würde es also noch wohl eine Weile müssen anstehen. Was ich werde möglich machen können, soll, besonders auch in Rücksicht Euer Hochwohlgeb. Verlangens, mit Vergnügen geschehen. Jetzt ist es mir ganz unmöglich, etwas zu bestimmen. Ich beharre mit der ausnehmendsten Hochachtung, solange ich lebe, Euer Hochwohlgeb. aufrichtiger Verehrer und gehorsamster Diener Bach.

Der Däne Niels Schiörring (1743–1798), Cembalist der königlichen Kapelle in Kopenhagen, war ein Schüler von Carl Philipp Emanuel. Ihre Bekanntschaft wurde durch Gerstenberg vermittelt.

AN ENGELBERT BENJAMIN SCHWICKERT

Hamburg, d. 10. April, 80.

Euer Hochedelgeboren werden vermuthlich einen meiner Briefe verlegt haben, worin ich von der ganzen Geschichte und dem Werthe meines *Versuchs* Erwähnung gethan habe. Damals gab ich an 800 einzelne Theile an. Jetzt kann ich mit Gewißheit sagen, daß ich vom ersten Theile noch 260 Exemplare und vom 2ten 564 Exemplare besitze. In meinem oben angeführten Briefe erwähnte ich, daß ich beide im Verkauf vereinzelne, daß jeder einzelne Theil nicht anders als für 3 Thlr. verkauft wird und daß der erste Theil *allenfalls*, wer keine Harmonie studiren will, allein nutzen kann, der zweite aber, welchen ich mit großem Fleiß gemacht habe, ohne den ersteren nicht wohl verstanden werden kann, weil ich im zweiten Theile mich alle Augenblicke beinahe auf den ersten berufe, ohne weitere Wiederholung oder Erklärung. Sie wollen, ich soll fordern. Die Erschwerung unsers Handels verursacht unser verzweifelt schweres Geld, dafür wir hier lange nicht so viel kriegen können als in Berlin, Leipzig etc. für leichter Geld, und welches Ursache ist, daß wenn man einen Louisd'or in der Tasche hat und nach auswärtiger Art eine gute Börse hat, solche im Augenblick los wird, ohne kaum zu wissen wofür? Mein Handel überhaupt mit einem Werke gehet hauptsächlich nach Norden, nemlich Rußland, Liefland, Curland, Schweden, Dänemark, Holstein, Hannover, Mecklenburg und Lauenburg und Lübeck, und wird in schwerem Gelde abgethan. Dem ohngeachtet wollen Sie, ich soll fordern. Wohlan, Sie geben mir für obige 824 einzelne Theile, mit den dazu gehörigen 27 Kupferplatten und den vorräthigen Kupferdrucken 180 Louisd'or, dies macht in schwerem Gelde noch keinen Thaler und in leichtem Gelde etwas über einen Thaler für einen Theil oder für ein Buch, welches ich in schwerem Geld für 3 Thaler verkaufe. Ich bin nicht in der Nothwendigkeit des Verkaufs, so wenig als Sie nöthig haben, es zu kaufen.

Wir bleiben gute Freunde, ich besonders

Ihr ergebenster
Bach.

Sollte aus unserm Handel etwas werden, so verspreche ich Ihnen *obenein* noch beträchtliche Beiträge zu beiden Theilen, welche ich im Manuskript habe und einmal drucken zu lassen willens bin, zu geben. Die Kupferdrucke zum 2ten Theile sind mit 500 Stück übercomplet, diejenigen zum ersten Theile werden vor der Hand auf 50 complete Exemplare da sein. Doch das ist eine Kleinigkeit.
Bei der Auslieferung der Sache geschiehet die Zahlung auf *einmal*. Für die 17 zu erwartende Simphonien danke ich zum Voraus bestens.

Der Leipziger Verleger Schwickert gab mehrere Auflagen von Philipp Emanuel Bachs *Versuch über die wahre Art das Clavier zu spielen* heraus.

AN DEN SYNDIKUS FABER

[Hamburg, nach 24. 1. 1782 und vor 20. 1. 1783]

Magnifice,
Wohlgebohrener, Hochgelahrter Herr,
Da Ew: Magnificence Unpäßlichkeit mich der Ehre beraubt, meine persönliche Aufwartung machen zu können, und mein Anliegen keinen Aufschub vertragen kann: so nehme ich mir die Freyheit, an dieselben mich schriftlich zu wenden.
So lange ich in Hamburg bin, habe ich, kraft eines mit dem Herrn Piscator getroffenen Vergleichs, vierzig Thaler für die Passion jährlich empfangen, ohne daß derselbe sich jemals dieser Bezahlung geweigert hätte. Jetzt, da der Herr Meyn die Rathsbuchdruckerstelle angetreten hat, fällt es demselben ein, mir dieses Quantum unter dem Vorwande zu verweigern, als ob sein Gewinn dadurch zu sehr eingeschränkt wäre. Er will mir weniger bieten, und beruft sich auf Ew. Magnificence zu hoffende Unterstützung. Unmöglich kann ich es glauben, daß dieselben es für nothwendig erachten sollten, daß der größere Theil des Nutzens auf den geringsten und unedelsten Theil der Arbeit fallen müßte, zumahlen da mich Abrede und Besitz in meinem Verlangen unterstützen. Indessen setzt mich auch schon die fortdauernde stillschweigende Unthätigkeit des Rathsbuchdruckers in Verlegenheit. Der Druck der Texte ist darüber liegen geblieben, ohnerachtet die höchste Zeit vor der Thür ist, und ich ohn Texte keine Passion aufführen kann, sondern zu andern Kirchenstücken meine Zuflucht

würde nehmen müssen. Bey dieser Besorglichen Verwirrung hat der Herr Senator Wagener mir den güthigen Rath ertheilt, an Ew. Magnificence meine Vorstellung directe zu überreichen, und der zuversichtlichen Hoffnung zu leben, daß dieselben meine Rechte patrociniren würden, und den Herrn Meyn zum baldigen Drucke der Texte und zur Abtragung des gewöhnlichen Honorarii an mich, einweisen würden. Ich habe diesen Weg auch um so lieber einschlagen wollen, da derselbe mit dem unbegränzten Vertrauen und der respectuesesten Achtung übereinstimmt, in welchem ich jederzeit beharren werde

Ew. Magnificence
gehorsamster Diener
C. P. E. Bach.

Faber war der Sohn des Hamburger Bürgermeisters Hans Jakob Faber. Philipp Emanuel hatte in Hamburg jährlich eine Passion aufzuführen. Deren Textdruck war der Kirchengemeinde zugänglich. Vgl. hierzu die Fragen 4 bis 6 im Brief vom 6.12.1767 an Georg Michael Telemann (S. 100).
Die Schlichtung der Meinungsverschiedenheit mit dem Ratsbuchdrucker Carl Wilhelm Meyn wurde 1783 in einem *Pro Memoria* wie folgt festgehalten:
»... Im Jahre 1783 den 16. Jänner ersuchte ich den Hn. Senator Anderson als Proto-Scholarchen um den Hn. Kapellmeister Bach, durch Zureden, dahin zu vermögen, um, zur Verhütung alles Schriftwechsels, von den 40 Rth. 20 Mk. fallen zu lassen. Allein, derselbe ist nicht dahin zu bringen gewesen: indem er sich immer auf einen, mit Piscator, getroffenen Vergleich berufen hat. Hierauf hat Meyn sich endlich den 20. Jänner entschlossen, die 40 Rthlr: nach, wie zuvor, bezahlen zu wollen, jedoch mit der Bedingung, daß, wenn er, in der Folge, an dem Drucke der Passionsbücher, einen gar zu großen Schaden haben würde, ihm es frey stünde, davon gehörige Anzeige zu thun, und um Remedur anzuhalten. Womit sich denn damahls diese Sache endigte.
d. 20. Jänner
1783. Synd.: Faber«

AN JOHANN CHRISTOPH KÜHNAU

Hamburg, d. 31. Aug. 84.

Liebwehrtester Freund,
Sie haben mir mit Ihrer Partitur ein sehr angenehmes Geschenke gemacht. Ich danke Ihnen dafür aufs verbindlichste und versichere Sie von meiner wahren Hochachtung und

Freundschaft. Sie haben Sich in Ihrem Stücke als ein fleissiger Setzer gezeiget u., was das Vornehmste ist, Sie haben an der Klinge gefochten. Dieses thun heute zu Tage leider wenige. Erlauben Sie mir, dass ich Ihnen, *aus wahrem guten Herzen*, eine Lehre für künftig geben darf. Bey Sachen, die zum Druck, also für Jedermann, bestimmt sind, seyn Sie weniger künstlich und geben mehr Zucker. Ein reiner Satz, den Sie haben, ist hinlänglich. Man muss denen Ignoranten ihr falsches Vorurtheil nehmen, indem sie glauben, der regelmässige Satz hindere das Angenehme. In Sachen, die nicht sollen gedruckt werden, lassen Sie Ihrem Fleisse den vollkommenen Lauf. Für eine vortheilhafte Recension werde ich sorgen.
Hierbey erhalten Sie Ihre Ankündigung nebst der *Nota*. Sie bezahlen in Preuss. *courent* blos für 6 Morgengesänge, die sie mit dem 7ten nun vielleicht haben werden, ... [unleserlich] Thlr., für das erste *avertissement* nehme ich nichts, für das beykommende belieben Sie 5 Mark 4 Schillinge, (in Preuss. Gelde 2 Thlr. 5 Gr. 6 Pf.) gelegentlich zu zahlen.
Ich beharre in der That

Ihr alter redlicher Freund
und Diener
Bach.

Kühnau (1735–1805) war in Berlin seit 1763 Lehrer der königlichen Realschule und seit 1788 Kantor der Dreifaltigkeitskirche.
Der im folgenden Brief erwähnte Johann Friedrich Fasch (1688–1758) war seit 1722 Hofkapellmeister in Zerbst.

AN JOHANN CHRISTOPH KÜHNAU

Hamburg, d. 23. Nov. 84.

Liebwehrtester Freund,
Da Ihre 5ten [Quinten] nicht *unmittelbar* auf einander folgen, u. die Note, welche sie deckt, *NB* keine durchgehende oder geschwinde Note ist (geschwinde Noten im *Allabreve* sind 8tel), so kann sie niemand verwerfen. In meinem Heilig hat dieser Fall das *Tempo-Adagio* voraus. In der Passion macht die 4tel Pause, dass die 5ten nicht *unmittelbar* auf einander folgen. Recht ist Ihre Vertheidigung der *None* gegen Hrn. Faschen (ich kann nicht glauben, dass dieser brave Mann an diesem, in starken u. gearbeiteten Werken sehr sehr oft vorkommenden u. zwar nicht aus Wollust, sondern aus Noth vor-

kommenden Sitz der None sich stossen sollte. Meine Vertheidigung stehet in meinem 2ten Versuch, im Capitel von der None.
Wegen unserer Rechnung wiederhole ich meine Bitte. Da ich, so wenig wie Hr. Breitkopf, Anweisung annehme, so haben Sie die Güte, u. schicken mir nur *bald*, auf meine Kosten, mit der Post die 13 Thlr. 5 Gr. 6 Pf. Preuss. *courent* in derselben Münze oder *guten* Dukaten. Ich habe blos mit Ihnen zu thun, u. beharre

Ihr alter redlicher Freund Bach.

AN ALEXANDER REINAGLE

[Hamburg, 1785 oder 1786]

Liebwehrtester Freund,
Ich bedauere von Herzen den Verlust Ihres lieben und braven Herrn Bruders eben so sehr, als ich mich über Ihre gute Aufnahme in Lissabon und glückliche Wiederkunft in London gefreut habe. Ihr Project wegen meiner gedruckten Rondos kann mir in der Folge viel Schaden thun, weil meine mit grossen Kosten von mir in starken Auflagen verlegten Sammlungen, worin sie stehen, unverkauft liegen bleiben werden. Die Liebhaberey zu den Rondos ist hier eben so gross, wie in London, und ich habe sie deswegen mit eingemischt, um meinen Verkauf zu befördern. Ich weiss aus der Erfahrung, dass sehr viele meine Samlungen blos wegen der Rondos kaufen. Folglich sind mir Exemplare von Ihren verlegten Rondos nichts nutze, sondern ich wünschte lieber, dass sie gar nicht nach Deutschland kämen, ohngeacht Westphal hier und Hummel in Berlin ganze Quantitäten von Ihnen würden kommen lassen. Ich will jedoch Ihnen, da Sie etwas damit zu verdienen glauben, einen Weg vorschlagen, wodurch Sie zu Ihrem Endzwecke kommen könnten, ohne einen Nachdruck befürchten zu dürfen. In der zweiten, dritten, vierten und fünften Samlung stehen überhaupt 11 Rondos. Von diesen Samlungen haben Sie 4, aber die letzte, nehmlich die 5., glaube ich, haben Sie noch nicht, und kann sie Ihnen, weil 2 Rondos darin stehen, überschicken. Zu diesen 11 Rondos will Ihnen noch 4 neue Rondos componieren; ich will zufrieden seyn, dass Sie mir Erlaubnis zu dem Drucke dieser schon gedruckten 11 Rondos öffentlich kundthun; und endlich müs-

sen Sie auch bekannt machen, dass ich ausdrücklich für Sie noch neue Rondos dazu gemacht habe. Diese 15 Rondos können Sie in 4 oder wenigern Abtheilungen herausgeben. Es muss aber in jedem Theile etwas neues davon stehen. Dieses Mittel und meine öffentliche Erlaubnis sichert Sie gewiss vor einem Nachdruck.

Für meine Schadloshaltung und für meine neu dazu gekommenen Composition verlange ich nicht mehr und nicht weniger als 34 Guinees. Ich verspreche Ihnen zugleich, dass ich die 4 neuen Rondos niemanden geben, noch viel weniger drukken lassen will. Ich kann Ihnen versichern, dass 1 Theil von meinen Sammlungen, worin nur 2 Rondos vorkommen, nach Abzug aller Kosten, mir wenigstens 1000 Mark hiesiges Geld bisher eingebracht haben, ohne einige 100 Exemplare zu rechnen, die ich noch vorräthig habe, und welche nach und nach auch verkauft werden. Die Auslieferung meiner 4 neuen Rondos *auf einmahl* geschiehet zugleich bey der Bezahlung *auf einmahl*. Wir sind sterbliche Menschen. Wegen der Fantasien künftig oder mündlich ein mehreres. Eine *baldige genugthuende Antwort* mit Ja! oder Nein! erbitte ich mir.

Mit vielen Grüssen verharre ich Ihr Freund und Diener

Bach.

Hier in Deutschland hat mir noch niemand etwas nachgedruckt: ich würde auch so gleich in den Zeitungen einen solchen Nachdrucker öffentlich als einen Betrüger erklärt haben. Dafür hält man hier durchgehends einen solchen Menschen, und das will Keiner wagen. Meine öffentliche Erlaubnis zu Ihrem Drucke und die neuen eingemischten Rondos würden ganz gewiss einen Nachdruck zu Ihrem Schaden abhalten.

Alexander Reinagle (1756–1809), in Portsmouth als Sohn österreichischer Eltern geboren, übersiedelte nach Amerika, wo er als Komponist und Musiker lebte. Sein Bruder Hugh starb am 19. März 1785 in Lissabon an der Schwindsucht.

Im Brief ist die Rede von Emanuel Bachs sechs Sammlungen der *Clavier-Sonaten [Rondos und freye Fantasien] für Kenner und Liebhaber* (Wq 55–59, 61)

Mit »Westphal« dürfte der Hamburger Musikverleger Christoph Westphal (1727?–1799) gemeint sein; »Hummel« ist wahrscheinlich der Berliner Musikalienhändler Johann Julius Hummel (1728–1798).

Hamburg, d. 21 Jan. 86.

Recht sehr verbunden bin ich Ihnen, liebster Herr Profeßor für Ihren Händel.

Mit Herrn *Burney* bin ich an verschiedenen Orten unzufrieden. Bey Händeln trift das auch zu, was andern widerfährt, wenn man sie vergöttern will, so leiden sie gemeiniglich Schaden. Vergleiche sind schwehr u. müßen auch nicht seyn. Kayser hier zu Händels Zeiten übertraf den leztern weit im Gesange u. Händel würde auch nie ein Haße, Graun etc. etc. darin geworden seyn, wenn er auch zu den lezteren ihren Zeiten gelebt hätte. Es war auch nicht nöthig; er war, in seinen *Orato*rien besonders, groß genug. Aber vom Orgelspielen zu schreiben: daß er meinen Vater etc. etc. übertroffen habe; dies kann kein Mann sagen, der in Engelland ist, wo unbedeutende Orgeln *NB* alle ohne Pedal sind, der folglich keine Einsicht in das auszeichnende des Orgelspielens hat, der keine Orgelsachen vielleicht gesehen oder gehört hat, der endlich meines [Vaters] Clavier- u. besonders Orgelsachen gewiß nicht kennt u. unter den lezteren den durchaus *obligat*en Gebrauch des Pedals, ihm bald den Hauptgesang, bald den Alt, bald den Tenor zu geben, allezeit in Fugen, wo niemahls eine Stimme verlaßen wird, und die schwehrsten Paßagien vorkommen, auch außerdem mit dem größten Feuer u. Glanze die Füße beschäftiget, *en fin* unzählige Sachen, von denen *Burney* nichts weiß etc. etc. etc.

Haße, die Faustina, Qvanz u.a. mehr, welche Händeln gut gekannt u. gehört haben, sagten *ao.* 1728 oder 1729, als mein Vater sich in Dreßden öffentlich hören ließ: *Bach* hat das Orgelspielen aufs Höchste gebracht. *vide* in Quanzens Anweisung. Im Ernste, hierin kan der Unterschied kaum größer seyn. Hat Händel je Trios mit 2 Manualen und | Pedal gemacht? Hat er fürs bloße Clavier 5 u. 6stimmige Fugen gemacht? Gewiß nicht. Folglich kan hierin gar kein Vergleich stattfinden; der Abstand ist zu groß. Man besehe beyder Männer Clavier- und Orgelsachen.

Vergeben Sie mir mein Geschwätze u. Geschmiere. Das Poßirlichste von allen ist die gnädige Vorsicht des Königes, wo durch Händels Jugendarbeiten bis aufs äußerste verwahrt werden.

Ich vergleiche mich gar nicht mit Händeln, doch habe ich vor kurzem ein Ries u. mehr alte Arbeiten von mir verbrannt u. freue mich, daß sie nicht mehr sind. Lieben Sie ja dem ohngeacht ferner

Den ganz Ihrigen
Bach.

Ich glaube, daß Herr Schwanberg auch meiner Meynung ist.

Eschenburg, seit 1773 Professor für Literatur in Leipzig, war nicht nur ein Freund Emanuels. Wie aus dem auf S. 93 abgedruckten Brief hervorgeht, stand er auch mit Wilhelm Friedemann Bach in gutem Einvernehmen.
Emanuel nimmt Bezug auf Eschenburgs deutsche Übersetzung der Schrift *An Account of the Musical Performances in Westminster Abbey in Commemoration of Handel* aus dem Jahr 1785, von dem englischen Musikforscher Charles Burney (1726–1814) verfaßt. Eschenburgs Übersetzung erschien unter dem Titel *Dr. Karl Burney's Nachricht von Georg Friedrich Händels Lebensumständen.* Berlin und Stettin, bei Friedrich Nicolai, 1785.
Philipp Emanuel führte in Hamburg verschiedene Oratorien Händels auf, darunter das *Alexanderfest.* Am 21. Juli 1769 schrieb er an Johann Philipp Kirnberger: »Wie sehr habe ich mich über das wiederhergestellte Händelsche Alexanderfest gefreut! O seyn Sie so gütig und schicken mirs [...], ich wills hier mit allem Pomp öffentlich aufführen. Wie lüstert mich ebenfalls nach der Trauermusik auf die verstorbene Königin und nach dem Te Deum laudamus, alles von Händel! Ich kann es kaum erwarten.«
»Die Faustina« ist die Gattin des Komponisten Johann Adolph Hasse (1699–1738).
Mit Johann Sebastian Bachs Besuch in Dresden ist wohl der dortige Aufenthalt 1731 gemeint.
Der Flötist, Komponist und Musiktheoretiker Johann Joachim Quantz schrieb 1752 in seinem Lehrwerk *Versuch einer Anweisung die Flöte traversiere zu spielen* über die Orgelkunst: »Endlich hat sie der bewundernswürdige Johann Sebastian Bach, in den neuern Zeiten, zu ihrer größten Vollkommenheit gebracht.«
Johann Gottfried Schwanberg (Schwanenberg), Sohn des Bach-Schülers Georg Heinrich Ludwig Schwanenberger, war seit ungefähr 1762 Hofkapellmeister in Braunschweig.

Johann Gottfried Bernhard Bach (1715–1739)

Der dritte Sohn Johann Sebastian Bachs aus erster Ehe (Genealogie No. 47) war, wie der Vater schrieb, »leider mißrathen«. (Vgl. Brief vom 24.5.1738, S. 53f.). Er wurde 1735 Organist der Marienkirche in Mühlhausen. 1737 erhielt er einen Ruf nach St. Jakobi in Sangerhausen.

AN DIE EINGEPFARRTEN DER MARIENKIRCHE IN MÜHLHAUSEN

[Mühlhausen, 2.9.1735]

Hoch Edelgebohrene, Hoch Edle, Veste, Hoch Ehrenveste, Hochachtbare, Hochgelahrte, Hoch und Wohlweise Insonders HochgeEhrteste Herren Bürgermeister, und Eingepfarrten, Hochgeneigte *Patroni.*

Ew. Hoch Edelgeborenen Hoch Edelen Hoch und Wohlweisen Herrlichk. wie auch Hochachtbaren günst. sage von meiner organisten Wahl nochmahls allerverpflichtesten Dank, indem es mir eine besondere Ehre und Vergnügen ist, daß auf meine wenigkeit so nachdrückl. *regardiret* werden sollen: gleichwie nun solche hohe Wohlgewogenheit gegen mich in stetem unterthänigsten andenken bey mir verehren werde, also werde auch in meinen Dienstbezeugungen insbesondere gleichwie biß anhero, also auch fernerhin mich alles Fleißes dahin bestreben, mich derselben auf keine Weise verlustig zu machen. Ich bedaure dahero sehr, daß hochdenenselben gleich bey anfangs des mir so hochgeneigt *conferirten* ambts wieder meinen willen mit gegenwärtiger abgemäßigter Beschwerde entgegen meines Hrn. *antecess*oris *Tit. pl.* Gottfr. Hetzeheins seel. Fr. Witwe, welche sich nicht nur allbereit die Helffte meines reisig *deputats* angemaßet, sondern sich auch selbst gegen mich herausgelassen, daß sie sowohl von gelde *salario* als Frucht und Scheitholz *deputaten* der Helffte vom ganzen Jahre, gleichsam als ob ihr wie den Priester witwen ein halbes Gnaden Jahr gebühre, *praetendire*, behelligen muß. Bey mir in Sachsen ist dergleichen nicht gebräuchlich, und behauptet auch *Carpz[ow] Jurispr. consist. L, 1. defin. VII,* daß von rechtswegen es nicht zukomme dergleichen halbes gnaden Jahr denen organisten wittwen; mir ist auch bey meiner *vocation* nicht gesaget noch vorbehalten worden, daß dergleichen gewohnheit hier eingeführet. Ja ich würde auch hierbey sehr übel zu kurtz kommen, indem von dem mir solchergestalt überbliebenen ¾ Claffter Scheitholz und 2½ schock reisig, diesen winter gewißl. keine sonderlich warme Stube zu hoffen haben, mithin so wenig dieserhalb als wegen nur gemessender Helffte Geld und Frucht *salarii* unmöglich *subsistiren* können werde, nicht zu geschweigen der Unbilligkeit, daß ich die Arbeit thue und jemand anders den Lohn davon hinwegnehmen wollte. Ich habe dahero das unterthänige Vertrauen, Ew. Hoch Edelgebohrene, Hoch und Wohl Edle Herrlichk. wie auch Hochachtbahre Günst. werden dero bekannt ruhmwürdigsten *Justiz* Liebe nach geruhen, die rechtl. Verfügung ohnschwer dahin ergehen zu lassen, daß

»mir mein geld, frucht und holtz-*salarium* ungetheilt, ganz verbleibe, mithin die Wittwe Hetzehein die bereits *de facto* wieder Befugnis zu sich genommen 2½ schock reißig wieder vor mein quartier liefern müsse.«

Ich beharre dagegen wie sonst allezeit in tieffster unterwerfung

Ew. Hoch Edelgebohrenen, Hoch Edlen Hoch und wohlweisen
Herrlichk. wie auch Hochachtbahren Günsten
Meinen Hochgeehrtesten Herren Bürgermeistern und
Hrn. Eingepfarrten Hochgeneigten Hrn. *Patronen*
ganz gehorsamster Diener

Mühlhausen d. 2. Sept.
1735. *Joh. Gottfr. Bernh. Bach, organ.*

Gesuch Bernhard Bachs, die Bitte der Witwe seines Amtsvorgängers (des »Hrn. antecessoris«) Johann Gottfried Hetzehen abzuweisen, ihr – wie üblich – ein Gnadenhalbjahr nach dem Tod ihres Mannes zu gewähren. Das Gesuch wurde abgelehnt.
Bach bezieht sich hier auf den lutherischen Kirchenrechtslehrer Johann Benedikt Carpzow (1595–1666), der auch an der Leipziger Thomaskirche als Pfarrer tätig war.
Zur Anstellung Bernhards an der Mühlhausener Marienkirche vgl. Johann Sebastian Bachs Empfehlungsschreiben an Tobias Rothschier vom 2. 5. 1735 (vgl. S. 43).

regardiren: in Betracht ziehen, berücksichtigen; conferiren: übertragen, antragen; deputat: zur Entlohnung gehörende Sachleistung (hier Reisig); salarium: Lohn, Gehalt; praetendiren: Anspruch erheben, fordern; subsistiren: seinen Lebensunterhalt bestreiten.

Im Verlauf der Streitigkeiten wurde am 7. September 1735 aktenkundig festgehalten:
»Sonst kann hierbei Gewissens halber nicht verhalten, daß H. Bach jun. bisher allzuviel und allzulange *praeludirt*, mithin dadurch die zur Andacht u. Gottesdienst bestimmte Zeit über die Gebühr verkürzt. Denn die Stunde, da blos georgelt oder vielmehr gespielt wird, kann nicht gesungen noch gepredigt werden, welches doch der christl. Versammlung Hauptzweck ist und sein soll. Hierneben kann ebensowenig unerinnert lassen, daß derselbe *quod-absque animo calumniandi dicitur,* sich um die hiesigen Gesänge und deren schöne Melodien schlecht bekümmert, und daher mit Orgelschlagen die singende Gemeinde oft nur verwirret, auch manchmal wohl gar innehalten müssen. Welches also ihm *p. Dn. Cantor* Scheiner wohlmeinend zu hinterbringen. Nach der Predigt kann er seine Kunst, so lange er es will, mit beliebigem Nachspiel darthun.«
In einem Dokument vom 10. September 1735 heißt es:
»Wenn H. Pache die Orgel so fort spielt, so ist sie in 2 Jahren hingerichtet, oder die meisten Kirchengänger müssen taub werden.«
Dieser Auffassung steht im selben Schriftstück die folgende gegenüber:
»Übrigens haben wir Gott zu danken, daß wir einen künstlerischen und geschickten *organisten* erhalten haben, welchem weder die Abkürzung des *Praeludii* anzubefehlen noch weniger aber die Orgel nach der Kunst zu spielen zu verbieten ist. Denn wenn wir einen Stümper hätten haben wollen, hätten wir keinen fremden Künstler zu verschreiben nöthig gehabt, und wird durch solch künstliches Spielen weder die Orgel hingerichtet noch weniger jemand taub werden, wie ein *anonymus votirt* hat.«

AN DIE EINGEPFARRTEN DER MARIENKIRCHE IN MÜHLHAUSEN

[Mühlhausen, 23.2.1737]

Hoch Edelgebohrne, Hoch Edle Veste,
Hoch und Wohl Ehren Veste
Hochachtbahre, Hochgelahrte,
Hoch und Wohlweise,
Besonders Hochgeehrteste HErrn Bürgemeister
und
Eingepfarrte,
Hochgeneigte *Patroni*
und
Vornehme Gönner.
Nachdem die gütigste Vorsorge deß Allerhöchsten mich zu einem anderweiten *Organisten* Dienste in der Hochfürstl.

Weißenfelsischen Stadt Sangerhausen bey dasiger Haupt Kirche zu *S. Jacobi* ruffen laßen: So habe meiner unterthänigen Schuldigkeit zu seyn erachtet, solches Ew. HochEdelgebohrnen, HochEdeln, Hoch und wohl weis. Herrlichkeit, wie auch Hochachtbaren Gunsten, hierdurch nicht nur gehorsamst zu *noticifiren*, sondern auch zugleich vor den mir bißhero vergönneten Dienst und dabey vielfältig erwiesene Wohlthaten den aller verpflichtesten Dank zu sagen, mit dem Hertz-inbrünstigsten anwunsche, daß der höchste Gäber alles Guten solches alles an Hoch denenselben und dero allerseits vornehmen *Familien* auch gesambter Stadt Wesen mit Verleihung beständigen hohen wohlbefindens und andern so leibl. als geistl. Seegens überflußes, reichlich belohnen wolle. Der mich übrigens zu hochderoselben fernern hohen wohlgewogenheit empfehlend, die mir bey meiner anhero Reise von Leipzig zu *restituiren* vertrösteten Reise Kosten, wovon *Liquidation sub* dero bekandten *Generosité* anheim stellen wollen mit Versicherung aller möglichsten Gegendienste und meiner vollkommensten Hochachtung Lebenslang beharre.

Ew. HochEdelgebohrnen, HochEdeln
Hoch und wohlweisen Herrlichk.
wie auch Hochachtbaren Gunsten
Meiner HochgeEhrtesten Herren
Bürgermeister, und
sämtl. Eingepfarrten

Mühlhausen
d. 23. Febr.
1737

unterthänig gehorsamster
Diener
Johann Gottfried
Bernhar Bach

Entlassungsgesuch aus dem Amt als Organist der Marienkirche in Mühlhausen. Zu Bernhards weiterem Fortkommen vgl. die Briefe Johann Sebastian Bachs vom 24.5.1738 und 26.5.1738 an Herrn bzw. Frau Klemm, S. 53ff.

notificiren: anzeigen, benachrichtigen; restituiren: wiedergutmachen, Ersatz leisten.

Johann Christoph Friedrich Bach (1732–1795)

Der zweitjüngste Sohn Johann Sebastian Bachs (Genealogie No. 49) aus dessen Ehe mit Anna Magdalena besuchte die Thomasschule in Leipzig und wurde von seinem Vater in der Musik unterrichtet. 1802 merkte der Bach-Biograph Forkel an: »Er sol [...] nach Wilh. Friedemanns Aussage unter den Brüdern der stärkste Spieler gewesen seyn, und seines Vaters Claviercompositionen am fertigsten vorgetragen haben.« Er verbrachte 45 Jahre in der Residenzstadt Bückeburg, zunächst als »Hochgräflich Schaumburg-Lippischer Cammer-Musicus«, seit 1758 als Konzert- sowie als Kapellmeister.
Der sogenannte »Bückeburger Bach« vertonte unter anderem von Johann Gottfried Herder (1744–1803), Hofprediger und Konsistorialrat in Bückeburg, Texte für Kantaten und biblische Oratorien sowie das »Drama zur Musik« Brutus *und die »Scenen mit Gesang«* Philoktetes. *Er schrieb Sinfonien, Konzerte für Klavier und Orchester, geistliche und weltliche Lieder, Kirchenkantaten und Motetten.*
In seinen Werken, heißt es 1790 in Gerbers Tonkünstler-Lexicon, *nähere er sich »dem Geschmacke seines ältern Bruders, Carl Phil. Emanuel«.*

AN GRAF WILHELM VON SCHAUMBURG-LIPPE

[Bückeburg, 24.5.1759]

Erlauchter Reichs Graf,
Gnädigster Graf u. HErr.
Ew. Hoch Reichs Gräfl. Erlauchten werden allergnädigst verzeihen, daß ich mich unterstehe Höchstdenenselben gegenwärtiges in aller Unterthänigkeit überreichen zu laßen, und zugleich hiedurch unterthänigst zu bitten, Ew. Hoch Reichs Gräfl. Erlauchten wollen allergnädigst geruhen, meinen jungen Sohn, womit uns der liebe Gott heute erfreuet hat, mit Dero hohen Nahmen zu begnadigen. In gewißer unterthänigster Hoffnung, keine Fehlbitte zu thun, und daß Ew. Hoch Reichs Gräfl. Erlauchten es allergnädigst genehmigen werden, werde, da es zu lange fallen würde, erst allergnädig-

ste *ordre*, wer das Kind halten solle, schuldigst unterthänigst zu erwarten, es selber verrichten, mit nochmaliger unterthänigster Zuversicht, Ew. Hoch Reichs Gräfl. Erlauchten dem beständigen Gnaden-Schutz Gottes treuligst empfehlend, in unterthänigs- und tieffster Devotion

Erlauchter Reichs Graf
Gnädigster Graf u. HErr
Ew. Hoch Reichs Gräfl. Erlauchten
treu unterthänigster Knecht
Johann Christoph Friedrich Bach.

Suppl. den 24. Maj.
1759.

Bachs Dienstherr Graf Wilhelm übernahm in Bückeburg die Patenschaft von Friedrichs »jungem Sohn« Wilhelm Friedrich Ernst. Letzterer wurde am 27. Mai 1759 in Bückeburg getauft. Die Wahl des Vornamens Wilhelm ist eine Reverenz an den Grafen. 1789 wurde der Sohn Cembalist der Königin Friederike in Berlin, dann bis 1811 Cembalist der Königin Luise. er starb dort 1845.
1794 findet sich in der bei Bohn in Kiel verlegten Zeitschrift *Allgemeine deutsche Bibliothek* folgende kurze Anmerkung: »Von allen vier Söhnen des großen Sebastian Bach hinterläßt nämlich nur der Concertmeister in Bückeburg einen Nachfolger. Dies ist für die Kunst allerdings eine traurige Aussicht.«

AN GRAF WILHELM VON SCHAUMBURG-LIPPE

[Bückeburg, 20. 11. 1761]

Erlauchtester Reichs-Graf
Gnädigster Graf und Herr
Die von Ew. Hoch-Reichs-Gräfl. Erlauchten mir bisher erzeigte und zeit Lebens mit unterthänigstem Dank zu verehrende hohe Gnade läßt mich so wenig an Erhörung dieser Bitte zweifeln, daß ich vielmehr, welches Höchstdieselben jedoch nicht ungnädig aufnehmen werden, annoch folgende in aller Unterthänigkeit hinzuzufügen, mich unterstehe; daß, da Ew. Hoch-Reichs-Gräfl. Erlauchten mir unter andern freyen beneficiis, auch frey Licht, gnädig *accordirt* haben, ich aber jetzo wöchentlich nur 4 Lichte, womit ich kaum 3 Tage auskommen kan, bekomme; Höchstdieselben allergnädigst geruhen möchten, dero hohe ordre dahin gnädigst zu ertheilen, daß mir mein benöthigtes Licht, wenigstens täglich ein Stück, von Hoch-Gräfl. Küch-Stube gereichet werden müße. Der

ich in Hoffnung Gnädigster Erhörung, mit tiefster Ehrfurcht ersterbe

Erlauchtester Reichs-Graf
Gnädigster Graf und Herr
Ew. Hoch-Reichs-Gräfl. Erlauchten
treu unterthänigster Knecht
J. C. F. Bach.

Suppl. Bückeburg
d. 20ten Nov. 1761.

AN HEINRICH WILHELM VON GERSTENBERG

[Bückeburg, 1. 4. 1773]

HochWohlgebohrner Frey Herr!
Sonders Hochzuehrender Herr Capitain!
Wie besonders angenehm mir Ew. HochWohlgeb. geehrtes Schreiben zu Händen gekommen, kan nicht gnug versichern, nur bin ich durch Dero besondere Güte recht beschämt worden. Das durch Ew. Hochwohlgeb. Schöpfung so schön gerathene Mohrenmädchen, hätte ein viel beßers Kleid haben müßen, als es bekommen, es muß aber bey mir nur auf den guten Willen gesehen werden, und wie wenig verdiene ich noch zur Zeit den Beyfall solcher Musikkenner, es würcket aber so viel, daß ich mich bestreben werde, deßelben immer würdiger zu werden. Ew. HochWohlgeb. mir aufgegebene Frag: Warum unsre Sonaten zwey geschwinde und ein langsamen Satz haben müßen, weiß ich auf keine andre Art zu beantworden, als mit darum. Eben eine Fuge heist darum Fuge, weil sie nach den vorgeschriebenen Regeln gearbeitet ist. Eine alte *Clav: Suite*, würde nicht so benennet worden seyn, wenn es unsern Alten nicht gefallen, ein solches zusammengesuchtes, und aus *Prelude, Allemande etc.* und denen übrigen Sätzen bestehendes Werck, eine *Suite pour le Clavecin* zu nennen, und ich verstehe eben so wenig warum die Rang Ordnung in dieser Art *composition* vom *Preludio* aus, die *Allemande*, dann zur *Currente, Sarabanda,* und das letzte, biß zu *Gigue* gehen muß.
Eine *Composition* aber nach Ew. HochWohlgeb. Meynung, als die Geschichte der Kleopatra zu bearbeiten erfodert, ist nicht ohnmöglich, mir fallen aber in der Geschwindigkeit nur folgende Aufwürfe bey: 1) müste ein jeder der diese *composition* spielen wolte von der gantzen Geschichte sehr genaue

Kenntniß haben, 2) wie viele *Clavier* Spieler haben den wahren Vortrag? 3) die wenigsten also würden dieselbe mit wahrem Vortrage spielen können, 4) finde ich das sonst ziemlich vollkommene *Clavier*, noch nicht hinlänglich, ein solches Gemählde ohne Worte, recht fühlbar ausdrücken zu können, und endlich würde doch ein solches Gebäude weiter nichts als *caracteris*ierte *Fantasie* seyn, welches nach meiner wenigen Musicalischen Einsicht, die eigene Benennung dieses Stücks seyn würde. Freylich Hauptcaracter und Hauptpaßionen, können auf gewiße Art verständlich auf dem *Clavier* gemacht werden. Ich weiß nicht ob Ew. HochWohlgeb. eine Sonate a 3. 2 *Viol.* und *Baß*, von meinem Hamb. Bruder im Druck bekandt seyn wird, worinnen er einen *Discour* zwischen dem *Melancolico* und *Sanguineo* auszudrücken gesucht hat; ohngeachtet der vielen Mühe, welche er sich darinnen gegeben, würde man die Bedeutung eines jeden Satzes nicht fühlen, wenn er seyne Meynung nicht dabey in Worten kundt gethan hätte. Und ich glaube unsrer *Cleopatra* würde es nicht beßer ergehn. Beurtheilen Ew. HochWohlgeb. meine Gedanken!
Übrigens schätze mir es vor eine wahre Ehre, durch diese Gelegenheit mit Ew. HochWohlgeb. in schriftliche Bekandtschaft gerathen zu seyn, und erbitte mir die Fortdauer derselben recht sehr. In dieser Hoffnung empfehle mich Ew. HochWohlgeb. gantz gehorsamst, und habe die Ehre mit der vorzüglichsten Hochachtung mich zu nennen

Ew. Hochwohlgeb.

gehorsamster und ergebenster Diener

Bückeburg, d. 1 April 73 J. C. F. Bach

P. S. Durch Dero gütiges Schreiben, bin ich so dreiste geworden, Dero vortrefliche *Ariadne auf Naxos* in *Music* zu setzen, ohne Rücksicht auf die schon da seyende *composition* des Herrn Scheibens zu haben.

Der Dichter Gerstenberg (1737–1823), der, wie auf S. 107 erwähnt, auch mit Philipp Emanuel Bach bekannt war, verfaßte ein *Lied eines Mohren*. Christoph Friedrich Bach vertonte dieses Lied als »lyrisches Gemählde« für Solosopran und Instrumentalbegleitung unter dem Titel *Die Amerikanerin*. Die Partitur erschien 1776 in Riga.
Offensichtlich hatte Gerstenberg Friedrich Bach dazu angeregt, den *Kleopatra*-Stoff als deskriptives Klavierstück zu vertonen.
Friedrich Bach erwähnt hier die deskriptive Sonate c-moll *Gespräch zwi-*

schen einem Sanguineo und Melancholico (Wq 161, 1, Potsdam 1749) von Philipp Emanuel Bach. (Vgl. S. 107)
Friedrich Bachs Musik zu Gerstenbergs *Ariadne auf Naxos* wurde anscheinend nicht abgeschlossen.

AN JOHANN GOTTLOB IMANUEL BREITKOPF

[Bückeburg, 1. 10. 1788]

Werthgeschätzter Freund!
Ich hoffe daß Sie den 4ten Hefft meiner Nebenstunden richtig erhalten haben. Finden sich da keine Liebhaber dazu? Da ich glaube daß sie sehr gemeinnützig sind.
Hier übersende Ihnen meine neueste Singarbeit, zur Beherzigung, wollen Sie es Ihres Druckes würdigen, so stehet solches zu Diensten, es hat es außer uns kein Mensch, vielleicht komme ich dadurch aus meiner Schuld bey Ihnen und da ich versichert von Ihrer redlichen Gesinnung bin, so dependirt es einzig von Ihnen, auf welche Art Sie solches bewerckstelligen wollen, der größte Vortheil davon soll Ihre seyn. Die 3 ersten Theile von meines seel. Vaters Chorälen erwarte ich sehnlichst, um dieses Werk complet zu haben. Nun aber liebster Freund! ersuche ich Sie; beikommende Ankündigung nebst beigefügten Briefen zu besorgen, das etwaige Porto der Briefe erstatte ich gerne, wann solche nicht mit Meßleuten weiter zu bringen stehn, die Ankündigung können Sie bei dieser Meßgelegenheit wohl bekandt machen. Ich weiß, Sie denken zu rechtschaffen, als daß Sie aus Brotneid mir diese Gefälligkeit nicht erzeigen sollten. Ihre Pressen haben genug zu thun, als daß sie diese Kleinigkeit empfinden sollten; Sie erzeigen den Gefallen mir, und nicht Bösendahl, und diese Sonaten sind leicht, in dem neusten Geschmack gesetzt, in London gebohren, wo sie von Ihro Maj. der Königin sehr goutirt wurden. Eine baldige gütige Antwordt von Ihnen wird mich der Fortdauer Ihrer mir so werthen Freundschaft versichern, worum ich recht sehr bitte. Ich empfehle mich derselben ferner aufs beste und bin mit der wärmsten Freundschaft und Hochschätzung

Ew. HochEdelgeb.
ergebenster Freund und Diener
J. C. F. Bach.

Können Sie doch dorten einige Subskribenten vor mich bekommen, so wird es mir angenehm seyn.

Im Verlag Breitkopfs erschienen auch Werke von Christoph Friedrich Bachs Halbbruder Carl Philipp Emanuel. (Siehe dort S. 97f.)
Die *Musikalischen Nebenstunden* für Klavier wurden im Bösendahl-Verlag herausgegeben (Rinteln 1787 und 1788).
Mit der »neuesten Singarbeit« ist offenbar eine Komposition gemeint, von der Friedrich schon am 19. Februar 1788 an Breitkopf berichtete: »Ich habe kürzlich nach einem ganz neuen Text ein Duodrama gesetzt, welches hier vielen Beifall erhalten. Es heißt ›Jochebeth und Mirjam‹, oder Mosis Mutter und ihre Tochter. Es ist die Geschichte von Mosis, wie er ins Wasser gelegt wird. Ich habe solches auch schon im Clavier Auszuge zurecht gemacht.« Der Text dieser nur fragmentarisch erhaltenen »Singarbeit« für 2 Solosoprane und Instrumente ist von H. S. C. Stille.
Bei der Ankündigung handelt es sich um *Drey leichte Sonaten fürs Klavier oder Pianoforte*, publiziert im Verlag Bösendahl (Rinteln 1789).
Friedrich besuchte 1778 zusammen mit seinem Sohn Wilhelm Friedrich Ernst den Bruder Johann Christian (1735–1782) in London.

AN JOHANN GOTTLOB IMANUEL BREITKOPF

[Bückeburg, 11.7.1789]

Vor einigen Monathen habe ich die traurige Nachricht von Hamburg erhalten, daß mein *neveu* der *Licentiat* auch Todes verblichen ist. Es scheint, der Würgengel wolle sich recht in die Bachische Familie einnisten, und ist doch von meinem seeligen Vater mänlichen Geschlechts Niemand mehr über, als ich, und mein Sohn, welcher jetzt in Berlin ist, und welchem es da recht wohl geht, und der auch Hoffnung hat, in des Königs Capelle aufgenommen zu werden.

»Mein neveu der Licentiat« ist Philipp Emanuel Bachs ältester Sohn Johann August Bach, der am 24. oder 25. April 1789 in Hamburg starb.

AN DAS DOMKAPITEL IN MINDEN

[Minden, 7.5.1794]

Von einem Hochwürdigen Dom-Capitul zu Minden, bin ich Endesunterschriebener ersuchet worden, die bishero fast unbrauchbar gewesene, jetzo aber durch den Orgelbauer Herrn Bode aus Halberstadt reparirte, und in ganz neuen Standt gesetzte hiesige Dom-Orgel zu examiniren. Mit der gewißenhaffesten Versicherung, muß ich nach genau gethaner Untersuchung bekennen, daß bemeldeter Orgelbauer Herr Bode, nicht allein alle Puncte, welche er in dem deshalb errichteten contracte versprochen auf das allergenaueste und püncktlichste erfüllet, sondern auch viele nützliche Verbeßerungen, über den contract, an dieser Orgel angebracht,... weshalb ihm... billig ein kleines douceur zu gönnen wäre.

Johann Christoph Friedrich Bach
Schaumburg-Lippischer Capellmeister

Minden den 7 May 1794

Der am Dom in Minden tätige Organist Ritz hatte Friedrich zur Orgelabnahme der 1794 vom Orgelbauer Brode reparierten Mindener Domorgel vorgeschlagen.

Douceur: Trinkgeld, Geschenk.

Johann Christian Bach (1735–1782)

»Gieng nach des seel. ~. Vaters [Johann Sebastian] Tode zu seinem Bruder [Carl Philipp Emanuel] nach Berlin, welcher ihn erzog u. informirte. Reiste ao. 1754 nach Italien. Ist jetzt in Engelland bey der Königin in Diensten.« (Philipp Emanuel Bach in einem Zusatz zur Genealogie; vgl. No. 50).
1757 lernte er in Mailand den Grafen Agostino Litta kennen. Er vermittelte ihm sozusagen ein Stipendium bei dem Franziskanerpater Giovanni Battista Martini (1706–1784) in Bologna, der später ein Mentor Wolfgang Amadeus Mozarts wurde.
Christian komponierte 12 Opern, über 90 Sinfonien, Instrumentalkonzerte, Klavierwerke u.a.
Der folgende Brief ist im Original in italienischer Sprache abgefaßt.

AN PADRE MARTINI

[Mailand, 30.7.1757]

Den vielen Geschäften Ew. Hochw. schreibe ich die Verzögerung eines geehrten Briefes von Ihnen zu; doch kann ich nicht umhin, Ihnen zu schreiben und Sie zu benachrichtigen, daß gestern im Hause Litta die Probe der unter Ihrer Unterweisung begonnenen Messe statt fand. Der gute Erfolg und allgemeine Beifall derselben läßt mich meine Verpflichtung gegen Ew. Hochw. immer mehr erkennen, da nur Sie mit Ihren gewichtigen Zeugnissen die Veranlassung eines so glücklichen Gelingens waren; denn es läßt sich unmöglich schildern, wie sehr man im Hause Litta, wie in der ganzen Künstlerschaft, von Ihrer Weisheit durchdrungen ist. Se. Exc. erhält soeben einen Brief von Ihnen und trägt mir auf, Sie vielemal von ihm zu grüßen und Ihnen zu sagen, daß es Ihres Dankes an ihn nicht bedurft hätte, und daß Ew. Hochw. mit nächster Post wieder einen Brief von ihm mit dem Rest der Chocolade empfangen würden, wobei er Sie bitten werde, mir mit Ihrem guten und bewährten Rath auch weiter immerdar beizustehen. Zugleich bitte und beschwöre ich Ew. Hochw., mir die Erlaubniß zu geben, Ihnen zuweilen eine Arbeit von mir mit der

Bitte schicken zu dürfen, daß Sie sie corrigiren und mir Ihre Meinung mittheilen. Hier in Mailand ist Niemand, der sich Ew. Hochw. im geringsten vergleichen könnte, und Alle waren, als sie die achtstimmigen Sätze sahen, die ich unter Ihrer Leitung geschrieben habe, über die schwere staunenswürdige Schule überrascht, die ich unter Ihnen durchgemacht habe. Seien Ew. Hochw. von meiner großen Verehrung für Sie und von meinem lebhaften Bedürfniß, Ihre schätzenswerthen Rathschläge noch ferner zu genießen, überzeugt; denn, wie ich es schon oben, und ebenso der gesammten Künstlerschaft Mailands, gesagt habe: Ihr Beistand allein hat mir zu einem derartigen Erfolg, wie zu dem meiner Messe verholfen. Ich beschwöre Sie darum, mit Ihren geschätzten Briefen nicht karg zu sein; seien Sie versichert, daß eben sowol Se. Exc. als ich nicht ermangeln werden, Ew. Hochw. so dankbar zu sein, wie Sie es in der That verdienen. Die große Liebe und Güte, die diese hohen Herren mir erweisen, erlauben mir nicht, daß ich nach Bologna kommen und von Ihren werthvollen Rathschlägen Vortheil ziehen könnte; aber indem jene mich an Ihr großmüthiges Versprechen erinnern, mir in jeder musikalischen Frage beizustehen, verheißen sie mir die thätige Hülfe Ew. Hochw., deren ich sehr bedarf, und die mir solcherweise von Niemandem jemals zu theil werden könnte. Gebieten Ew. Hochw. über mich, wenn ich Ihnen irgendwie zu dienen vermag, erhalten Sie mir Ihre Güte, und beehren Sie mich mit einem Briefe, worin Sie mir die Erlaubniß geben, Ihnen etwas zum Corrigiren zu schicken. Auf Ihre unveränderliche Güte hoffend, nenne ich mich

Ew. Hochwürden
dankbarsten und ergebensten Diener und Schüler
G. C. Bach.

Mailand, den 30. Juli 1757.

Genealogie

Ursprung der *musicali*sch-*Bachi*schen *Familie*

No. 1. *Vitus Bach*, ein Weißbecker in Ungern, hat im 16ten *Seculo* der *lutheri*schen *Religion* halben aus Ungern entweichen müßen. Ist dannenhero, nachdem er seine Güter, so viel es sich hat wollen thun laßen, zu Gelde gemacht, in Teütschland gezogen; und da er in Thüringen genugsame Sicherheit vor die *lutheri*sche *Religion* gefunden, hat er sich in Wechmar, nahe bei *Gotha* niedergelaßen, und seine Beckers *Profession* fortgetrieben. Er hat sein meistes Vergnügen an einem Cythringen gehabt, welches er auch mit in die Mühle genommen, und unter währendem Mahlen darauf gespielet. (Es muß doch hübsch zusammen geklungen haben! Wiewol er doch dabey den Tact sich hat *imprimir*en lernen.) Und dieses ist gleichsam der Anfang zur Music bey seinen Nachkommen gewesen. Ist gestorben den

No. 2. *Johannes Bach*, des vorigen Sohn, hat anfänglich die Becker *Profession* ergriffen. Weilen er aber eine sonderliche Zuneigung zur Music gehabt, so hat ihn der StadtPfeiffer in Gotha zu sich in die Lehre genommen. Zu der Zeit hat das alte Schloß | Grimmenstein noch gestanden, und hat sein Lehrherr, damaligem Gebrauch nach, auf dem Schloß Thurme gewohnet. Bey welchem er auch nach ausgestandenen Lehrjahren noch einige Zeit in *condition* gewesen; nach Zerstöhrung des Schloßes aber, (so *Anno* 15[67] geschehen) und da auch mittelst der Zeit sein Vater *Veit* gestorben, hat er sich nach Wechmar gesetzt, allda Jfr. Anna Schmiedin, eines Gastwirths Tochter aus Wechmar, geheirathet, und des Vaters Güter in Besitz genommen. Seit seinem Hierseyn ist er öffters nach *Gotha, Arnstadt,* Erffurth, Eisenach, Schmalkalden und Suhl, um denen dasigen Stadt-*Musicis* zu helffen, verschrieben worden. Starb 1626 in damahlig *grassi-*

render *contagion* Zeit. Sein Weib aber lebte noch nach deßen Tode 9 Jahr als Wittib, und starb 1635.

No. 3. Deßen Bruder —— *Bach*, ist ein Teppichmacher worden, und hat 3 Söhne gehabt, so die Music erlernet, und welche der damahligst regierende Graf zu Schwartzburg Arnstadt auf seine Unkosten nach Italien hat reisen laßen, um die Music beßer zu *excoli*ren. Unter diesen dreyen Brüdern ist der jüngste durch einen Unfall blind und der blinde *Jonas* genennet worden, und von welchem man damahligst viel Abentheuerliches gesprochen hat. Da | nun dieser unverheyrathet gestorben, so stammen vermuthlich von deßen andern 2 Brüdern die Namens- und Geschlechtsverwandten her, so ehedem in Mechterstädt (zwischen Eisenach und Gotha liegend) und der Orten herum gewohnet. Der *Anno* 1730 in Meinungen verstorbene Capellmeister Johann Ludewig Bach, deßen seliger Vater, Jacob Bach, *Cantor* in der Ruhl gewesen, war von diesem Stamme; ingleichen der vor etlichen Jahren verstorbene *Dom-Cantor* in Braunschweig, Stephan Bach, (dessen Bruder Bach Priester in Lähnstädt, ohnweit Weimar, war). Es sollen auch von diesem Geschlechts Nahmen einige Inwohner unter deren Herrn von Seebach Herrschafften, besonders in Oepffershausen, sich befinden; ob aber solche von jetzterwehnter Neben-Linie abstammen, ist unbekannt.

No. 4. *Johannes Bach*, ältester Sohn des *sub No* 2 erwehnten Hans Bachens, ist in Wechmar gebohren *Anno* 1604, den 26ten *Nov.* Da nun sein Vater Hans Bach, wenn er an obbenannte Oerter ist verlanget worden, ihn vielfältig mitgenommen, so hat einsmahls der alte Stadt Pfeiffer in Suhl, Hoffmann genannt, | ihn *persuadi*ret, seinen Sohn ihm in die Lehre zu geben, welches auch geschehen; und hat er sich daselbst 5 Jahr als Lehr Knabe und 2 Jahr als Geselle aufgehalten. Von Suhl hat er sich nach Schweinfurth gewendet, allwo er Organist worden. *Anno* 1635 ist er nach Erffurth als *Director* derer Raths-Musicanten beruffen worden, wohin er sich auch begeben; und nach etlichen Jahren hat er auch den Organisten-Dienst *ad*

Praedicat: zugleich mitbekommen. Starb 1673. Hat sich zweymal verehliget, als (1) mit Jungfr. Barbara Hoffmännin, seines lieben Lehrherrn Tochter, und mit selbiger ein todtes Söhnlein gezeuget, welcher todten Frucht die Mutter eine halbe Stunde darauf nachgefolget. (2) mit Jungfr. Hedewig Lemmerhirtin, Herrn *Valentin* Lemmerhirtens, Rathsverwandten in Erffurth Jgfr. Tochter, und hat mit selbiger folgende Söhne, *Sub No* 7, 8 u 9 gezeüget.

No. 5. *Christoph Bach*, mittlerer Sohn des *Sub No.* 2 berührten Hans Bachens, ist gleichfalls gebohren in Wechmar *Anno* 1613, den 19ten *April.* Erlernete gleichfalls *musicam instrumentalem.* War anfänglich fürstlicher Bedienter am Weimarischen Hofe; bekam hernach unter der Erffurthischen | und dann zuletzt unter der Arnstädtischen *musicali*schen *Compagnie* Bestallung, allwo er auch *Anno* 1661, den 12 *September* verstorben. War verehliget mit Jfr. Maria Magdalena Grablerin, gebürtig aus Prettin in Sachsen, mit welcher er die *Sub No.* 10, 11 u 12 folgenden 3 Söhne zeugte. Sie verstarb 24 Tage nach ihres seel. Mannes *Christophori* Tode, nehmlich den 6ten *Octobr:* 1661 in Arnstadt.

No. 6. *Heinrich Bach*, dritter Sohn des *Sub No.* 2 gedachten Hans Bachens, war gleich seinem mittlern Bruder, *Christoph*, in der *Compagnie* zu Arnstadt, und hatte darbey den Stadt-Organisten-Dienst. Ist gleichfalls in Wechmar gebohren *Anno* 1615 den 16ten *Decembr.* Starb zu Arnstadt *Anno* 1692. War verheirathet mit Jfr. Eva Hoffmännin aus Suhl, vermuthlich einer Schwester der *Sub No.* 4 gedachten Barbara Hoffmännin.

No. 7. *Joh. Christian Bach*, der älteste Sohn von *Johann Bachen Sub No.* 4. Ward in Erffurth gebohren 1640. Starb daselbst als *Director* derer RathsMusicanten *Anno* 1682. Deßen 2 Söhne folgen *Sub No.* 16 u 17.

No. 8. *Joh. Egydius Bach*, der andere Sohn von Johann Bachen *sub No.*4. war gebohren zu Erffurth 1645. Starb daselbst als *Director* derer RathsMusicanten und Organist zur *St. Michaelis* Kirche *Anno* 1717. Deßen zwey Söhne folgen *Sub No.* 18 u 19.

No. 9. *Johann Nicolaus Bach,* 3ter Sohn von Johann Bachen *Sub No.* 4. wurde jung zu Erffurth 1653. War ein sehr guter *Viole da Gambis*te und in der Raths *compagnie* daselbst. Starb an der Pest 1682, u. hinterließ einen *Posthumum, Joh. Nicolaus, sub No.* 20.

No. 10. *Georg Christoph Bach,* war der erste Sohn von Christoph Bachen *sub No.* 5, gebohren *Anno* 1642 den 6. *September.* Wurde als Cantor nach Schweinfurth beruffen, u starb daselbst *Anno* 16[97]. Deßen Söhne folgen *Sub No.* 21.

No. 11. *Johann Ambrosius Bach,* zweyter Sohn Christoph Bachens *Sub No.* 5. War Hoff- und StadtMusicus in Eisenach. Ist gebohren zu Erffurth *An.* 1645 d. 22 *Febr.* Starb in Eisenach *An.* 1695. War verehlichet mit Jfr. Elisabetha Lemmerhirtin, Herrn Valentin Lemmerhirtens, E.E. Raths Verwandten in Erffurth, Jfr. Tochter; zeügete mit selbiger 8. Kinder, als 6. Söhne und 2. Töchter. Davon 3 Söhne unverheirathet gestorben, wie auch die jüngste Tochter. 3 Söhne aber und die älteste Tochter haben die Eltern überlebet, u sich verehliget, wie folget *Sub No.* 22, 23 u 24.

No. 12. *Johann Christoph Bach,* vorigen *Ambrosii* Zwillingsbruder, u *Christoph* Bachens 3ter Sohn, war Hoff- und StadtMusicus in Arnstadt. Zeügete mit Jfr. Martha Elisabetha Eisentrautin, Herrn Franz Eisentrauts, gewesenen Kirchners in Ohrdruf, Jfr. Tochter, folgende *Sub No.* 25 u 26 benannte Söhne.

No. 13. *Johann Christoph Bach,* erster Sohn von Heinrich Bachen *Sub No.* 6. war gebohren zu Arnstadt *Anno [1642].* Starb zu Eisenach als Hoff- u Stadt Organist 1703. War ein *profonder Componist.* Zeugete mit seinem Weibe, Frau [Maria Elisabeth] gebohrnen Wiedemannin, Herrn Wiedemanns, StadtSchreibers zu Arnstadt, ältesten Tochter, die *Sub No.* 27, 28, 29 u 30. folgenden 4. Söhne.

No. 14. *Johann Michael Bach,* Heinrich Bachs *Sub No.* 6 anderer Sohn ist gleichfalls zu Arnstadt gebohren. *An.* [1646]. War StadtSchreiber und Organist im Amte *Gehren.* War gleich seinem ältern Bruder, ein *habiler Componist.* Hinterließ nach seinem Tode eine Wittib, nehmlich Herrn StadtSchreiber Wiedemanns von Arnstadt 2te Tochter, und mit selbiger 4 unversorgte Töchter, aber keinen Sohn.

No. 15. *Johann Günther Bach,* dritter Sohn Heinrich Bachs *Sub No.* 6. *Sublevi*rte seinen Vater. War ein guter *Musicus,* | und geschickter Verfertiger verschiedener neu *inventi*rten musikalischen Instrumenten. Starb ohne männliche Erben *An.* 16[83].

No. 16. *Johann Jacob Bach,* ältester Sohn von Johann Christian Bachen *Sub No.* 7. gebohren in Erffurth 1668. Starb unverheirathet als Haußmanns Geselle beym seligen Johann Ambrosio Bachen in Eisenach 1692.

No. 17. *Johann Christoph Bach,* Johann Christian Bachen *Sub No.* 7 zweyter Sohn. War gebohren in Erffurth 1673. Starb in Gehren als *Cantor An.* 1727. Seine Kinder folgen *Sub No.* 31, 32 u 33.

No. 18. *Joh. Bernhard Bach,* ältester Sohn von Johann Egydio Bachen *Sub No.* 8. ist in Erffurth *An.* 1676 gebohren. Lebet noch anjetzo (nehmlich 1735) als Cammer-Musicus u Organist in Eisenach. *Succedi*rte Joh. Christ. Bachen *Sub. No.* 13. Deßen einziger Sohn folget *Sub No.* 34.

No. 19. *Joh: Christoph Bach,* der andere Sohn von Joh. Egydio Bachen *Sub. No.* 8, ist in Erffurth gebohren 1685. Stehet jetzo noch als *Director* derer RathsMusicanten in Erffurth. Deßen Söhne folgen *sub No.* 35, 36 u 37.

No. 20. *Joh. Nicolaus Bach,* ein *Posthumus* des *Sub No.* 9. gedachten Joh. Nic. Bachens, wurde ein *Chirurgus,* u wohnet jetzo 10. Meilen hinter Königsberg in Preußen im Amte (siehe S. 77) hat aber das ganze Haus voll Kinder.

No. 21. *Joh: Valentin Bach,* ein Sohn *Georg Christoph Bachens Sub No.* 10. Dessen Geschwister heißen:

No. 22. *Joh: Christoph Bach,* ältester Sohn von Joh. Ambrosio Bachen *Sub No.* 11. Ward gebohren in [Eisenach] *An.* 167[1]. Starb in Ohrdruff als Organist u Schul-Collega 17[21].

No. 23. *Joh: Jacob Bach,* zweyter Sohn von Joh. Ambrosio Bachen *Sub No.* 11. Ward gebohren in Eisenach *An.* 1682. Lernete die StadtPfeiffer Kunst bey seines seligen Vaters *Successore,* Herrn Heinrich Hallen; kam nach einigen Jahren, als *An.* 1704, in Königlich Schwedische KriegsDienste, als *Hautbois*te. Hatte die *Fatalitæt* mit seinem gnädigsten Könige *Carolo* d. 12ten nach der unglücklichen *Pultava*ischen *Bataille* das türckische *Bender* zu erreichen. Allwo er in die 8 bis 9 Jahr bey seinem Könige ausgehalten; u sodann ein Jahr vor des Königes *retour* die Gnade genoßen als Königlicher Cammer u. HoffMusicus nach Stockholm in Ruhe zu gehen. Allwo er auch *An.* 17[22] gestorben, keine LeibesErben hinterlassend.

No. 24. *Joh. Sebastian Bach*, Joh. Ambrosii Bachens jüngster Sohn, ist gebohren in Eisenach *An.* 1685, den 21ten Martij. Ward (1) HoffMusicus in Weimar bey Herzog Johann Ernsten, *An.* 1703. (2) Organist in der neüen Kirche zu Arnstadt 1704. (3) Organist zu *St. Blasii* Kirche in Mühlhausen *An.* 1707. (4) Cammer und HoffOrganist in Weimar, *An.* 1708. (5) an eben diesem Hoffe *An.* 1714 *Concert*-Meister zugleich. (6) Capell|meister u *Director* derer Cammer *Musiquen* am Hochfürstlich Anhalt Köthischen Hoffe. *An.* 1717. (7) Wurde von dar *An.* 1723. als *Director Chori Musici* u *Cantor* an der *Thomas* Schule nacher Leipzig *voci*rt; allwo er noch bis jetzo nach Gottes H. Willen lebet, u zugleich von Haus aus als Capellmeister von Weißenfels u Cöthen *in function* ist. Deßen *Familie* folget

No. 25. *Joh. Ernst Bach*, erster Sohn Joh. Christoph Bachens *Sub No.* 12., *natus An.* 1683, den 5ten *Aug.* ist Organist in Arnstadt an der Oberkirche. Dessen Kinder folgen *Sub*

No. 26. *Joh. Christoph Bach*, zweyter Sohn Joh. Christoph Bachens, lebet in Plankenhayn, und nähret sich mit einem Materialisten Kram, u ist zwar verheirathet, aber nicht beerbet. *Nat. An.* 1689, den 12ten *Sept.*

No. 27. *Joh. Nicolaus Bach*, dermaliger *Senior* aller noch lebenden Bachen, ist ältester Sohn von Joh. Christoph Bach *Sub No.* 13. Ist Organist sowol bey der Universitäts als Stadtkirche in *Jena.*

No. 28. *Joh. Christoph Bach*, zweyter Sohn von Joh. Christoph Bachen *Sub. No.* 13. ist auch der Musik zugethan. Hat sich aber niemalen zu einer *function* begeben, sondern sein meistes *Plaisir* in Reisen gesuchet.

No. 29. *Joh. Friedrich Bach,* war 3ter Sohn von Joh. Christoph Bachen *Sub. No.* 13. Starb *An.* 172[?] als *Successor Organista* J.S. Bachens der Blasii Kirche in Mühlhausen, u zwar unbeerbet.

No. 30. *Joh. Michael Bach,* 4ter Sohn von Johann Christoph Bachen *Sub No.* 13. Erlernete die Orgelmachers Kunst, ist aber nach diesem in die Nordländer gereiset, u nicht wieder *retourn*iret, daß man also keine weitere Nachricht von ihm hat.

No. 31. *Joh. Samuel Bach,* ältester Sohn des *Sub No.* 17. erwähnten J.C. Bachens, starb in Sondershausen als *Musicus* frühzeitigen Todes.

No. 32. *Joh. Christian Bach,* zweyter Sohn J.C. Bachens *Sub No.* 17. war gleichfalls ein Musicus, u starb auch in Sondershausen frühzeitig.

No. 33. *Joh. Günther Bach,* 3ter Sohn J.C. Bachens *Sub No.* 17. ist ein guter Tenorist, und stehet jetzo noch als Schul *Collega* bey der Kaufmanns Gemeinde in Erffurth.

No. 34. *Joh. Ernst Bach,* einziger Sohn des *Sub No.* 18. gedachten Joh. Bernh. Bachens, ist gebohren *An.* 1722. Wird nebst denen *Studiis* der *Music* gleichfalls obliegen.

No. 35. *Joh. Friedrich Bach,* ältester Sohn des *Sub No.* 19 erwehnten J.C. Bachs, ist Schulmeister in Andisleben.

No. 36. *Joh. Egydius Bach,* anderer Sohn J.C. Bachs, *Sub. No.* 19. ist Schulmeister in großen Munra.

No. 37. *Wilhelm Hieronymus Bach,* J.C. Bachs *Sub No.* 19. 3ter Sohn.

No. 38. *Joh. Lorenz Bach,* Joh. Valent. Bachs *Sub. No.* 21 ältester Sohn, ist Organist zu Lahme in Franken.

No. 39. *Joh. Elias Bach,* J. Valent. 2ter Sohn. *p. t. Cantor* in Schweinfurth.

No. 40. *Tobias Friedrich Bach,* Joh. Christoph Bachens *Sub No.* 22 ältester Sohn, ist *Cantor* in Udestädt, ohnweit Erffurth. Gebohren 1695.

No. 41. *Joh. Bernhard Bach,* jetzterwehnten J.C. Bachs *Sub No.* 22 zweyter Sohn, *succedi*rte seinem seligen Vater als Organist in Ohrdruff. Gebohren 169[?].

No. 42. Joh. Christoph Bach, 3ter Sohn J.C. Bachs *Sub No.* 22 ist *Cantor* u Schul *Collega* in Ohrdruff gebohren *An.* 1[702].

No. 43. Joh. Heinrich Bach, 4ter Sohn J.C. Bachs *Sub No.* 22 stehet in Diensten bey dem Herrn Grafen zu *Hohenlohe* als Musicus u *Cantor* in Öhringen, ist gebohren 17[07].

No. 44. Joh. Andreas Bach, 5ter Sohn J.C. Bachs *No. 22.* ist in Fürstlich *Gotha*ischen *militair* Diensten als *Hautboiste.* Gebohren 17[13].

No. 45. Wilhelm Friedemann Bach, Joh. Seb. Bachens *Sub No.* 24 ältester Sohn, ist *p.t.* Organist an der Sophien Kirche in Dresden. Gebohren 1710. den 22ten *Nov.*

No. 46. Carl Philipp Emanuel Bach, 2ter Sohn Joh. Seb. Bachens *Sub No.* 24. Lebet in Frankfurth an der Oder *p.t.* als *Studiosus* u *informir*et auf dem Clavier. Gebohren den 14ten März 1714.

No. 47. Joh. Gottfried Bernhard Bach, 3ter Sohn Joh. Seb. Bachs *Sub No.* 24. ist Organist in Mühlhausen an der Marien oder OberKirche. Gebohren den 11ten May 1715.

No. 48. Gottfried Heinrich Bach, 4ter Sohn Joh. Seb. Bachs *Sub No.* 24. Ist | gebohren den 26ten Febr. *An.* 1724. *inclinir*t gleichfalls zur Musik, *inspecie* zum Clavier.

No. 49. Joh. Christoph Friedrich Bach, 5ter Sohn Joh. Seb. Bachs, *Sub No.* 24. ist gebohren den 21ten *Junii An.* 1732.

No. 50. Joh. Christian Bach, 6ter Sohn Joh. Seb. Bachs *Sub No.* 24. *nat.* 1735 den 5ten *Sept.*

No. 51. Joh. Christoph Bach, Joh. Nicolai Bachs *Sub No.* 27 ältester Sohn

No. 52. [Johann Christian] Bach, Joh. Nic. Bachs *Sub No. 27* zweyter Sohn

No. 53. Joh. Heinrich Bach, Joh. Christoph Bachs *Sub No.* 28. einziger Sohn. Ist ein guter *Clavier*iste *An* 173[5?].

Das Autograph der Genealogie, um 1735 wahrscheinlich von Johann Sebastian Bach verfaßt, ist nicht erhalten. 1774/75 besorgte Philipp Emanuel Bachs Tochter Anna Carolina Philippina (1747–1804) eine durch Zusätze Emanuels ergänzte Abschrift. Es liegen 2 weitere Abschriften vor,

außerdem ein Abschrift-Fragment. Der autographe Text kann nicht genau rekonstruiert werden.
Vorliegende Genealogie ist nicht frei von Lücken; manche Angaben sind unrichtig. So war zum Beispiel No. 4: Johannes Bach in Erfurt nicht Direktor, sondern ein Angehöriger der Ratsmusik.
No. 23: Johann Jakob kam wahrscheinlich erst 1706 als Oboist in schwedische Dienste.
No. 24: Johann Sebastian Bach wurde am 9. 8. 1703 Organist der Neuen Kirche in Arnstadt.

Stammtafel der Familie Bach

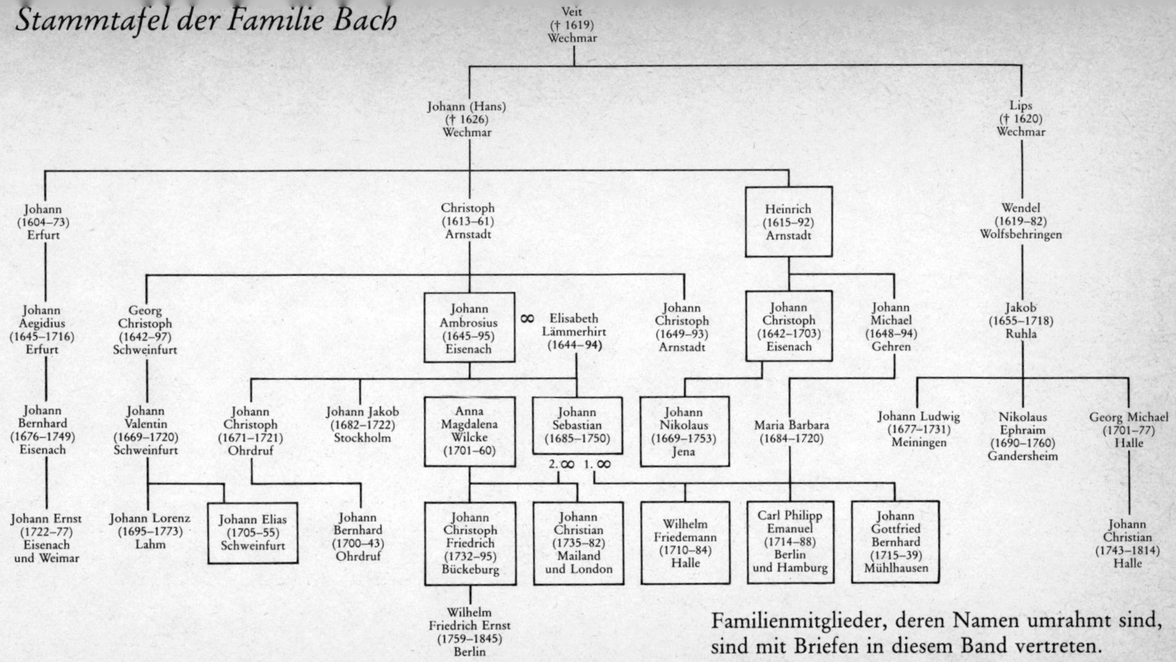

Familienmitglieder, deren Namen umrahmt sind, sind mit Briefen in diesem Band vertreten.

Anhang

Kompositionen mit dem Thema oder Zitat B-A-C-H

Ahrens, Joseph (geb. 1904): Triptichon über Bach für Orgel
d'Albert, Eugen (1864–1932): Präludium und Fuge über J S B
Albrechtsberger, Johann Georg (1736–1809): Fuge für Orgel
Bach, Johann Christian (1735–1782): Fuge für das Pianoforte oder die Orgel komponiert von Christian Bach über die Buchstaben seines Namens
Bach, Johann Sebastian (1685–1750): Kunst der Fuge, BWV 1080
Barblan, Otto (1860–1943): Chaconne über B-A-C-H, op. 10; Variationen und Tripelfuge über B-A-C-H
Bellermann, Heinrich (1832–1903): Präludium und Fuge über B-A-C-H für Orgel, op. 8
Brahms, Johannes (1833–1897): Kadenz zu Beethovens 4. Klavierkonzert G-Dur, op. 58
Brewer, Alfred Herbert (1865–1928): Meditation für Orgel
Bräutigam, Volker (geb. 1939): Johann Sebastian Bach (auf ein Epitaph von J. Bobroski für S. A. T. B.)
Brindle, Reginald Smith (geb. 1917): Variants for guitar über B-A-C-H und das Thema der g-moll-Fuge aus dem Wohltemperierten Klavier I
Busoni, Ferruccio (1866–1924): Choralvorspiel und Fuge über B-A-C-H; Fantasia Contrappuntistica für Klavier
Casella, Alfredo (1883–1947): Due ricercari sul nome die B-A-C-H, op. 46
Coulthard, Jean (geb. 1908): Variationen über B-A-C-H für Klavier
Cyril, Christopher (geb. 1896): Selbstgespräch über B-A-C-H und den Choral »Wenn wir in höchsten Nöten sein«
Durkó, Zsolt (geb. 1934): Episodi sul tema B-A-C-H
Eisler, Hanns (1898–1962): Präludium und Fuge über B-A-C-H für Streichtrio, op. 46
Fortner, Wolfgang (geb. 1907): Fantasia für 2 Klaviere und Orchester
Hoddinott, Alun (geb. 1929): Sonate für Violoncello und Klavier
Honegger, Arthur (1892–1955): Prélude, arioso et fughette sur le nom de Bach für Streicher (auch für Klavier)
d'Indy, Vincent (1851–1931): »Beuron«, No. 11 in: Tableaux de voyage, op. 33
Jelinek, Hanns (1901–1969): Phantasie für Klarinette, Klavier und Orchester, op. 18
Karg-Elert, Sigfrid (1877–1933): »Basso ostinato« in: Madrigale, 10 schlichte Weisen
Krebs, Johann Ludwig (1713–1780): Fuge für Orgel über B-A-C-H
Liszt, Franz (1811–1886): Phantasie und Fuge über den Namen BACH für Orgel

Malipiero, Francesco (1882–1973): Präludium für Klavier
Middelschulte, Wilhelm (1863–1943): Kanonische Fantasie für Orgel
Nielsen, Riccardo (geb. 1908): Ricercar, Choral und Toccata für Klavier
Paert, Arvo (geb. 1935): Collage über B-A-C-H
Pepping, Ernst (1901–1981): Drei Fugen über B-A-C-H für Klavier
Piston, Walter (1894–1976): Chromatische Fantasie für Klavier
Reger, Max (1873–1916): Fantasie und Fuge für Orgel über B-A-C-H, op. 46
Rheinberger, Joseph (1839–1901): Orgel-Fughetta op. 123a, Nr. 3
Rimskij-Korsakow, Nikolai (1844–1908): 6 Variationen über das Thema B-A-C-H für Klavier, op. 10
Schönberg, Arnold (1874–1951): Variationen für Orchester, op. 31
Schumann, Robert (1810–1856): 6 Fugen über den Namen Bach für Orgel oder Pedalflügel, op. 60
Searle, Humphrey (1915–1982): Sinfonie Nr. 1
Wellesz, Egon (1885–1974): Partita in honorem J. S. Bach 1965
Zimmermann, Heinz Werner (geb. 1930): »St. Thomas-Kantate« auf das Pfingstlied »O komm, du Geist der Wahrheit« für Mezzosopransolo, Baritonsolo, Chor und kleines Orchester

Erwähnte Personen

Die in der Genealogie und im Anhang genannten Namen wurden nicht in das Register aufgenommen.

Agricola, Johann Friedrich (1720–1774), Hofkomponist 77–78, 95, 111, 113

Altnickol, Johann Christoph (1719–1759), Organist 59, 86–87, 113

Anna Amalia, Prinzessin von Preußen, Schwester Friedrichs II. (1723–1787) 102

Anthoni, Johann Georg (gest. 1709), Organist 31

Bach, Anna Carolina Philippina (1747–1804) 75

Bach, Anna Magdalena, geb. Wilcke (1701–1760) 43, 56, *62–66*, 67, 75, 127

Bach, Anna Margaretha, geb. Brandt (gest. 1741) 67, 72

Bach, Barbara Margaretha, geb. Keul (geb. 1658) 16, 27

Bach, Carl Philipp Emanuel (1714–1788) 14, 16–17, 23, 43, 58, 62, 75, 78, 90, 93, *95–122*, 127, 130, 132

Bach, Catharina Dorothea (1708–1774) 36, 62

Bach, Christoph (1613–1661) 23

Bach, Elisabeth Juliane Friederica (1726–1781) 59, 62, 87

Bach, Gottfried Heinrich (1724–1763) 62, 67

Bach, Heinrich (1615–1692) 7, 16–17

Bach, Johann Ambrosius (1645–1695) 16, *23–27*, 33

Bach, Johann August (1745–1789) 58, 75, 132

Bach, Johann Bernhard (1676–1749) 78

Bach, Johann Christian (1735–1782) 7, 62, 65, 76, 132, *134–135*

Bach, Johann Christoph (1642–1703) *17–22*, 114

Bach, Johann Christoph (1645–1693) 23, 25

Bach, Johann Christoph (1671–1721) 23

Bach, Johann Christoph Friedrich (1732–1795) 14, 61–62, 65, 76, *127–133*

Bach, Johann Elias (1705–1755) 56–58, 64, *67–80*

Bach, Johann Ernst (1722–1777) 77–78

Bach, Johann Gottfried Bernhard (1715–1739) 43, 46, 55, 62, *123–126*

Bach, Johann Jakob (1682–1722) 35

Bach, Johann Michael (1646–1694) 95, 114

Bach, Johann Nikolaus (1669–1753) *28–31*

Bach, Johann Sebastian (1685–1750) 7–8, 10–14, 16–17, 23, *33–61*, 62, 64, 67–72, 74–80, 83, 85–87, 95, 98–99, 102, 111, 121–124, 126–128, 134

Bach, Johann Sebastian (1748–1778) 58

Bach, Johann Valentin (1669–1720) 67

Bach, Johanna Carolina (1737–1781) 62, 65

Bach, Johanna Elisabetha (geb. 1748) 58
Bach, Johanna Rosina, geb. Fritsch(in) 67
Bach, Maria Barbara, geb. Bach (1648–1720) 62, 95
Bach, Maria Catherina (1651–1687) 16
Bach, Regina Susanna (1742–1809) 62, 65
Bach, Wilhelm Friedemann (1710–1748) 43, 62, *82–93*, 111, 122, 127
Bach, Wilhelm Friedrich Ernst (1759–1845) 128, 132
Benda, Franz (1709–1786), Konzertmeister 95, 113
Benda, Georg (1722–1795), Kapellmeister 95, 113
Berger, Leberecht Friedrich (Halle), Organist 92
Biedermann, Johann Gottlieb (1705–1772), Schulrektor 60
Birnbaum, Johann Abraham (1702–1748), Dozent für Rhetorik 59, 68–69
Birnstiel, Friedrich Wilhelm (Berlin), Verleger 98–99
Böhm, Georg (1661–1733), Organist 111
Bohn, Carl Ernst (Kiel, Hamburg), Verleger 128
Breier (Braunschweig), Organist 92
Breitkopf, Johann Gottlob Imanuel (1719–1794), Verleger 97–98, 102, 120, 131–132
Bruhns, Nikolaus (1665–1697), Organist 111
Büchner, Johann Polykarp (Weißenfels), Hofbassist 74
Burney, Charles (1726–1814) Musikforscher 121–122
Buxtehude, Dietrich (1637–1707), Organist 111

Caldara, Antonio (um 1670–1736), Violoncellist, Vizekapellmeister 113
Carpzow, Johann Benedikt (1595–1666), Kirchenrechtslehrer 123–124
Christian, Herzog von Sachsen-Weißenfels (1682–1736) 112
Christian Günther, Graf zu Schwarzburg und Honstein 16
Contius (Cuncius), Christoph (1676–1722), Orgelbauer 88
Contius (Cuntius), Heinrich Andreas (Halle), Orgelbauer 88

Damm (Thamm), Orgelbauer 88
Dedekind, Andreas Christian (gest. 1706), Kantor 26–27
Drese, Adam (gest. 1701), Kapellmeister 73
Dreßig (Dresig, Dresick), Siegmund Friedrich (1703–1742), Konrektor 78–79

Einicke, Georg Friedrich (1710–1770), Kantor 60–61
Erdmann, Georg (1682–1736), kaiserlich-russischer Hofrat und Resident 37, 40
Ernesti, Johann August (1707–1781), Schulrektor 46, 48, 51–52
Ernst August, Herzog von Sachsen-Weimar (1688–1748) 35, 112
Eschenburg, Jochen Joachim (1743–1820), Professor für Literatur 93, 121–122

Faber (Hamburg), Syndikus 116–117
Fasch, Johann Friedrich (1688–1758), Hofkapellmeister 118
Faustina siehe Hasse, Faustina, geb. Bordoni

Fischer, Johann Caspar Ferdinand (gest. 1746), Hofkapellmeister 111
Forkel, Nikolaus (1749–1818), Musikgelehrter 7, 95, 107–108, 111, 113, 127
Frescobaldi, Girolamo (1583–1643), Organist 111
Friedrich II., König von Preußen (1712–1786) 95, 97, 111
Friedrich August II., Kurfüst von Sachsen (1696–1763) 42, 70, 86
Froberger, Johann Jakob (1616–1667), Organist 111, 114
Fux, Johann Joseph (1660–1741), Kapellmeister, Hofkomponist 112–113

Gaudlitz, Gottlieb (1694–1745), Subdiakon 38
Gerber, Ernst Ludwig (1746–1819), Lexikograph, Organist 28, 82, 127
Gerlach, Carl Gotthelf (1704–1761), Organist 70
Gerstenberg, Wilhelm von (1737–1823), Dichter, Kritiker 14, 95, 106–107, 114–115, 129–130
Gleim, Ludwig (gest. 1803), Dichter 95
Görner, Johann Gottlieb (1697–1778), Organist 65–66
Goez (Jena), Superintendent 31
Goldberg, Johann Gottlieb (geb. 1727), Musiker 113
Graun, Johann Gottlieb (1702 oder 1703–1771), Konzertmeister 82, 88, 95, 97, 113, 121
Graun, Karl Heinrich (1703 oder 1704–1759), Hofkapellmeister 95–97, 113, 121

Händel, Georg Friedrich (1685–1759), Komponist 113, 121–122
Halle, Johann Heinrich (aus Göttingen), 1695–1728 Stadtpfeifer in Eisenach 27
Hasse, Faustina, geb. Bordoni (»die Faustina«) (wahrsch. vor 1700–1781) 121–122
Hasse, Johann Adolph (1699–1783), Komponist 113, 121–122
Herder, Johann Gottfried (1744–1803), Schriftsteller 127
Hermann, Joseph, Spital-Kollektor in Eisenach 17
Herthum, Christoph (1651–1720) Küchenschreiber, Hof- und Stadtorganist 16
Hetzehen, Johann Gottfried (1664–1735), Organist 43, 46, 123–124
Hille, Johann Georg (1705–1744), Kantor 70–71
Hummel, Johann Julius (1728–1798), Musikalienhändler 119–120

Johann Georg II., Herzog in Eisenach (seit 1686) 21

Keiser, Reinhard (1674–1739), Komponist 113, 121
Kerll, Johann Kaspar (1627–1693), Komponist 111
Kirnberger, Johann Philipp (1721–1783), Musiktheoretiker, Komponist 102, 113, 122
Klemm, Gattin von Klemm, Johann Friedrich (siehe dort) oder von Klemm, Johann Jakob (1663–1726), Organist in Sangershausen 55, 126
Klemm, Johann Friedrich (1706–1767), Kaufmann 53–55, 126
Klopstock, Friedrich Gottlieb (1724–1803), Dichter 95
Koch, Johann Wilhelm (1704–1745), Kantor 68–69, 71, 73–74

Koch, Johanna Helena Sophia (1739–1740), Patenkind von J. S. Bach 68, 70, 73
Krause, Johann Gottlob (geb. 1714), Schüler der Thomasschule in Leipzig 48–50
Krebs, Johann Ludwig (1713–1780), Organist 113
Krebs, Johann Tobias (1690–1762), Organist 113
Kühnau, Johann Christoph (1735–1805), Lehrer, Kantor 117–118
Kuhnau, Johann (1660–1722), Thomaskantor Leipzig 33

Lämmerhirt 35
Lämmerhirt, Elisabeth (1644–1694), Gattin von Ambrosius Bach 24
Lämmerhirt, Martha Katharina (gest. 1721), verw. Brückner 36
Lämmerhirt, Tobias (1639–1707), Kürschner 36
Leopold, Fürst von Anhalt-Köthen (1694–1728) 112
Lessing, Gotthold Ephraim (1729–1781) 95
Lohenstein, Daniel Casper von (1635–1683), Dichter 11

Marpurg, Friedrich Wilhelm (1718–1795), Musiktheoretiker 95, 98
Martini, Giovanni Battista (1706–1784), Franziskanerpater 134
Martius, Johann Georg (gest. 1750), Hochzeits- und Leichenbitter 57
Martius, Johann Heinrich (1706–1775), Hochzeits- und Leichenbitter 57
Mattheson, Johann (1681–1764), Musiktheoretiker, Organist, Komponist 10, 60–61
Mayer (Meyer), von (Halle) 73, 79
Meyn, Carl Wilhelm (Hamburg), Ratsbuchdrucker 116–117
Mizler, Lorenz Christoph (1711–1778), Dozent für Mathematik, Physik, Musik 111
Mozart, Wolfgang Amadeus (1756–1791) 10, 134
Müthel, Johann Gottfried (1728–1788), Kapellmeister, Organist 113
Murr, Christoph Gottlieb von (1733–1811), Historiker, Zoll- und Wagamtmann 98

Nagel, Maximilian (1712–1748), Schüler der Thomasschule in Leipzig 49

Pachelbel, Johann (1653–1706), Komponist 111
Persigk, Gottlob (1712–1747), Pastor 78
Pe(t)zold, Christian (1677–1733), Organist 83–85
Pflug, von (Zöschau), Kriegskommissarius 80

Quantz, Johann Joachim (1697–1773), Flötist 93, 95, 121–122

Rambach (Halle), Konsistorialrat 90
Ramler, Karl Wilhelm (1725–1798), Professor 95, 100
Reichardt, Johann Friedrich (1752–1814), Komponist 95
Reinagle, Alexander (1756–1809), Musiker, Komponist 119–120
Reinagle, Hugh (gest. 1785) 120
Reinken, Jan Adams (1623–1722), Organist 111
Repnin, Anikita Ivanovič (1668–1726), Fürst in Litauen 37
Ritz (Minden), Organist 133

Rothschier, Tobias (1676–1753), Rechtsgelehrter 43, 46, 124
Rühlmann, Johann Christoph (gest. 1768), Organist 91–92

Schäfer (Halle), Präsident des Kirchenkollegiums 89
Scheibe, Johann Adolph (1708–1776), Musiktheoretiker, Komponist 10–14, 69, 130
Schele (gest. 1774), Bürgermeister 110
Schillbach, Johann Friedrich (1703–1779), Kaufmann 80
Schiörring, Niels (1743–1798), Cembalist 114–115
Schneider, Johann Leberecht (1645–1742), Kammerkonsulent 56, 62–64
Schramm (Dresden), Orgelbauer 85–86
Schröter, Christoph Gottlieb (1699–1782), Organist 60–61
Schröter, Paul Christian (gest. 1745), Appellationsrat 84–85
Schubert, Johann Martin (1690–1721), Musiker 113
Schwanberg (Schwanenberg), Johann Gottfried (1737 oder 1740–1804), Hofkapellmeister 122
Schwanenberg, Georg Heinrich Ludwig (gest. 1774), Violinist 122
Schwickert, Engelbert Benjamin (Leipzig), Verleger 115–116
Stahl, Georg Ernst d. J. (1713–1772), Hofrat 75
Stertzing, Georg Christoph (gest. 1720?), Orgelbauer 22
Strungk, Nikolaus Adam (1640–1700), Komponist 111

Teichmann (Langensalza), Kreissteuereinnehmer 76
Telemann, Georg Michael (1748–1831), Komponist 99–102, 117
Telemann, Georg Philipp (1681–1767), Komponist 95–96, 100–101, 113
Thering, Johann Lukas (gest. 1751), Hofrat 88
Theyßner (Thayßner), Zacharias (Merseburg), Orgelbauer 28–30

Vogler, Johann Caspar (geb. 1696), Organist 113
Voigt, Johann Georg d. J. (geb. 1728), Organist 113
Voß, Johann Heinrich (1751–1826), Dichter 95

Wagener (Hamburg), Senator 117
Walther, Johann Gottfried (1684–1748), Komponist, Musiktheoretiker und -lexikograph 12, 33
Westphal, Christoph (1727?–1799), Musikverleger 119–120
Wilcke, Johann Caspar (Weißenfels), Hoftrompeter 62
Wilhelm, Graf von Schaumburg-Lippe (1724–1777) 60–61, 127–128
Wilhelm Ernst, Herzog von Sachsen-Weimar (1662–1728) 35
Winter (Eisenach), Küchenschreiber 18
Winter, Georg Ludewig (gest. 1772), Verleger 97–98

Zelenka, Johann Dismas (1679–1745), Komponist 113

Quellennachweis

Schriftstücke von der Hand Johann Sebastian Bachs. Krit. Gesamtausg. Vorgel. und erl. von W. Neumann und H.-J. Schulze. Leipzig/Kassel [usw.] 1963 (Bach-Dokumente. Bd. 1. Hrsg. vom Bach-Archiv Leipzig. Suppl. zu: Johann Sebastian Bach: Neue Ausgabe sämtlicher Werke.)

JOHANN SEBASTIAN
25.6.1708
15.3.1722
20.9.1728
28.10.1730
27.7.1733
2.5.1735
12.8.1736
15.8.1736
12.2.1737
18.10.1737
24.5.1738
26.5.1738
Juli 1741
6.10.1748
2.11.1748
10.12.1749
27.12.1749
26.5.1750

WILHELM FRIEDEMANN
7.6.1733
7.6.1733

GENEALOGIE

Fremdschriftliche und gedruckte Dokumente zur Lebensgeschichte Johann Sebastian Bachs 1685–1750. Krit. Gesamtausg. Vorgel. und erl. von W. Neumann und H.-J. Schulze. Leipzig/Kassel [usw.] 1969. (Bach-Dokumente. Bd. 2. Hrsg. vom Bach-Archiv Leipzig. Suppl. zu: Johann Sebstian Bach: Neue Ausgabe sämtlicher Werke.)

JOHANN AMBROSIUS
4.3.1695

JOHANN ERNST
22.6.1707

ANNA MAGDALENA
GEB. WILCKE
September 1741
17.10.1750
21.10.1750

JOHANN ELIAS
Ende April 1738
10.1.1739
7.3.1739
28.9.1739
5.10.1739
31.5.1740
Juni 1740
2.1.1741
28.1.1741
5.8.1741
9.8.1741
21.10.1741
22.2.1742
18.4.1742
7.11.1742

WILHELM FRIEDEMANN
1.12.1749

Dokumente zum Nachwirken Johann Sebastian Bachs 1750–1800. Vorgel. und erl. von H.-J. Schulze. Leipzig/Kassel [usw.] 1972. (Bach-Dokumente. Bd. 3. Hrsg. vom Bach-Archiv Leipzig. Suppl. zu: Johann Sebastian Bach: Neue Ausgabe sämtlicher Werke.)

JOHANN SEBASTIAN
20.3.1748

CARL PHILIPP
EMANUEL
Berlin nach 1765
21.7.1769
7.10.1774
Ende 1774?
13.1.1775
20.9.1775
21.1.1786

JOHANN CHRISTOPH
FRIEDRICH
11.7.1789

Chrysander, Friedrich: Johann Sebastian Bach und sein Sohn Friedemann Bach in Halle, 1713–1768. In: Jahrbücher für Musikalische Wissenschaften 2 (1867), S. 235–248

WILHELM FRIEDEMANN
22.2.1768

Chrysander, Friedrich: Briefe von Karl Philipp Emanuel Bach an G.M. Telemann. In: Allgemeine musikalische Zeitung IV (1869), S. 177–181, 185–187

CARL PHILIPP EMANUEL
11.7.1767
6.12.1767
31.1.1771
31.8.1784
23.11.1784

Falck, Martin: Wilhelm Friedemann Bach. Sein Leben und seine Werke, Leipig 1913, 2. Aufl. Lindau/B. 1956

WILHELM FRIEDEMANN
1.8.1733
16.4.1746
20.10.1761
12.5.1764
17.5.1771
4.7.1778

Geiringer, Karl: Die Musikerfamilie Bach. Musiktradition in sieben Generationen, München 1977. 2 Aufl. der Sonderausgabe 1983

HEINRICH
14.1.1692

JOHANN CHRISTOPH
10.10.1670
30.10.1697

CARL PHILIPP EMANUEL
29.12.1756

Hase, Hermann von: Carl Philipp Emanuel Bach und Joh. Gottl. Im. Breitkopf. In: Bach-Jahrbuch 1911, S. 86–104

CARL PHILIPP EMANUEL
27.10.1765

Koch, Herbert: Johann Nikolaus, der »Jenaer« Bach. In: Die Musikforschung, Jg. 21 (1968), S. 290–299

JOHANN NIKOLAUS
2.9.1704
7.3.1709

La Mara: Musikerbriefe aus fünf Jahrhunderten. Nach den Urhandschriften erstmalig herausgegeben von La Mara. Erster Band. Bis zu Beethoven, Leipzig, o.J. (Vorw. dat. 8. Sept. 1886)

JOHANN CHRISTIAN
30.7.1757

Miesner, Heinrich: Philipp Emanuel Bach in Hamburg. Beiträge zu seiner Biographie und zur Musikgeschichte seiner Zeit, Leipzig 1929 (Fotomechanischer Nachdruck, Wiesbaden 1969)

CARL PHILIPP
EMANUEL
1781/82?

Nohl, Ludwig: Musiker-Briefe, Leipzig 1867

CARL PHILIPP
EMANUEL
10.4.1780

Pantielev, G.: Der erste Erdmann-Brief. In: Beiträge zur Musikwissenschaft (Berlin/DDR) 1983, Heft 2, S. 143–146

JOHANN SEBASTIAN
28.7.1726

Pottgiesser, Karl: Die Briefentwürfe des Johann Elias Bach. Ein Beitrag zur Geschichte der Familie Bach. In: Die Musik, Jg. 12 (1912/13), Heft 7, S. 3–19

JOHANN ELIAS
23.8.1740
10.10.1740
9.1.1742
25.1.1742

Rollberg, Fritz: Johann Ambrosius Bach, Stadtpfeifer zu Eisenach von 1671–1695. In: Bach-Jahrbuch 1927, S. 133–152

JOHANN AMBROSIUS
2.4.1684

Rollberg, Fritz: Johann Christoph Bach, Organist zu Eisenach 1665 bis 1703. In: Zeitschrift für Musikwissenschaft Jg. 11 (1928/29), S. 549–561

JOHANN CHRISTOPH
15.2.1692
28.10.1694

Schmid, Ernst Fritz: Carl Philipp Emanuel Bach und seine Kammermusik, Kassel 1931

CARL PHILIPP
EMANUEL
21.10.1773
15.3.1777

Schünemann, Georg: Johann Christoph Friedrich Bach. In: Bach-Jahrbuch 1914, S. 45–165

JOHANN CHRISTOPH
FRIEDRICH
24.5.1759

Schünemann, Georg: Friedrich Bachs Briefwechsel mit Gerstenberg und Breitkopf. In: Bach-Jahrbuch 1916, S. 20–35

JOHANN CHRISTOPH
FRIEDRICH
1.4.1773
1.10.1788

Sonneck, O. G.: Zwei Briefe Carl Philipp Emanuel Bachs an Alexander Reinagle. In: Sammelbände der Internationalen Musikgesellschaft 4 (1906/07), S. 112–114

CARL PHILIPP
EMANUEL
1785 oder 1786

Thiele, Georg: Die Familie Bach in Mühlhausen. In: Mühlhäuser Geschichtsblätter, Jg. 21 (1920/21), S. 50–54

JOHANN GOTTFRIED
BERNHARD
2.9.1735
23.2.1737

Wohlfahrt, Hanns Dieter: Johann Christoph Friedrich Bach. Ein Komponist im Vorfeld der Klassik, Bern und München 1971 (Neue Heidelberger Studien zur Musikwissenschaft 4)

JOHANN CHRISTOPH
FRIEDRICH
20.11.1761
7.5.1794

Bildnachweis

Seite 32: Museum für Geschichte der Stadt Leipzig
Seite 44 und 45: Sächsische Landesbibliothek Dresden
Seite 47: Stadtarchiv Leipzig
Seite 82 und 94: Bachhaus Eisenach

Der Herausgeber dankt Frau Corinna Fiedler im Fischer Taschenbuch Verlag für ihre engagierte Mithilfe bei der Arbeit an dem vorliegenden Band.